“懒”经济学

The Indolence Economy

纪坪 著

SPM
南方出版传媒
广东经济出版社
·广州·

图书在版编目（CIP）数据

“懒”经济学 / 纪坪著. —广州：广东经济出版社，2021.3
ISBN 978-7-5454-7052-9

Ⅰ. ①懒…　Ⅱ. ①纪…　Ⅲ. ①经济学-通俗读物　Ⅳ. ①F0-49

中国版本图书馆 CIP 数据核字（2019）第 255279 号

版权登记号：19-2019-030

责任编辑：徐依然　梁雪莹　张晶晶　程梦菲
责任技编：陆俊帆
封面设计：朱晓艳

“懒”经济学
“LAN” JINGJIXUE

出版人	李　鹏
出　版 发　行	广东经济出版社（广州市环市东路水荫路 11 号 11～12 楼）
经　销	全国新华书店
印　刷	广东海洋印刷有限公司 （佛山市南海区里水镇和桂工业园 A 区和安南路 1 号 F 栋 1～2 楼）
开　本	880 毫米×1230 毫米　1/32
印　张	7
字　数	150 千字
版　次	2021 年 3 月第 1 版
印　次	2021 年 3 月第 1 次
书　号	ISBN 978-7-5454-7052-9
定　价	78.00 元

图书营销中心地址：广州市环市东路水荫路 11 号 11 楼
电话：（020）87393830　邮政编码：510075
如发现印装质量问题，影响阅读，请与本社联系
广东经济出版社常年法律顾问：胡志海律师

前言

用乘法思考，发挥懒人创意

邻里有一只精明的“汪星人”，它虽然是一只流浪狗，却相当亲人，还很懂得分辨哪些人是友善的。对于友善的人，它会撒娇、陪散步，久而久之就积累了不少人类“粉丝”，人类“粉丝”会主动给它提供食物、帮它洗澡、找兽医……

我家里有两只狡猾的“喵星人”，都是不请自来的。第一只是自己钻进我们家仓库的；第二只是在台风夜进来避雨，后来发现这里的环境、伙食还不错，就擅自住了下来。之后竟然还有猫妈妈把小猫叼来我们家骗吃骗喝……

大批雁群在远途飞行时，会以“V”字队形群飞，相较于单飞时的飞行效率，集体飞行所产生的气流及互助效应将促使飞行效率大幅提升。而很小的蚂蚁也懂得分工的重要性，蚁后、雄蚁、工蚁、兵蚁各司其职，以达到最大的群体效率。

发现了吗？其实所有的生命都拥有懒人智慧的本能，会通过一些更聪明的方式来提升自己的劳动效率。越聪明的家伙，越懂得发挥懒人创意。

人类本来被认为是最聪明的生物。然而，随着家庭教育、学校教育、职场教育的社会化，人类越来越强调规矩及努力的重要性，渐渐遗忘了懒人本能。其实，能在人类社会上创造更多价值的，反而是那些最懂得发挥懒人创意的人。

在人类文明中，最能创造价值的有两种人：第一种人很懂得为自己摸鱼，用最有效率的方式来完成自己的目标；第二种人很懂得为别人摸鱼，通过聪明的方式去帮助其他人更悠闲地生活。手机、相机、飞机、洗衣机，有哪一项发明不是在帮助人们“偷懒”？

本书以此为出发点，将懒人学分为摸鱼学、定位学、职场学、幸福学、经济学。

从“懒人摸鱼学”开始，先培养懒人思维，学会懒人的乘法思考模式，让事情更简单、简化、简约，进而避开风险、打造口碑，这样才能更有效率地达成自己的目标。

而要当一个聪明的懒人，就得先通过“懒人定位学”来找出自己的兴趣及天赋，活用过往的知识及经验，发展强项、消弭破绽，做出聪明的选择。为自己精准定位，才能少走些冤枉路。

如果想在职场上有所发挥，“懒人职场学”则教你如何向牛顿、达尔文取经，培养点、线、面思考能力及猪、狗、猫思维，弄懂职场中的每个角色。让你少说“干话”，不擅自越权，从中找到利他又利己的平衡点，不必多花力气就能当个职场收获者。

除了理性层面之外，大家应该知道，情绪是最昂贵的隐藏成本。“懒人幸福学”中所提到的冲突、批评、抱怨、说教、说谎、拒绝，都有不同的学问，想要快乐，就要先学会掌控幸福情绪。

最后的“懒人经济学”，告诉你在如今的知识经济时代，脑袋才是最重要的工具。学会创新、创意、可控、深耕、杠杆、动脑，不再被传统的标签及成见所困，你才能成为真正的聪明人。

纪坪

序

科技始终来自人性，而人性多半是“懒”的

这本书的作者是我的学生，本来不想为这本书写序的，因为“懒”。但是我翻了一下，发现这本书好有趣啊，让人欲罢不能，因为他写出人性的深处，就是个“懒”字。

这本书很有意思，强调“懒惰”有助于成功。其实不动脑筋的懒人是不会成功的。懒人会成功，是因为独立思考，动脑筋的懒人，才会有聪明的办法。譬如，这本书描述到，猫、狗与猪看起来都懒懒的，但是它们的懒却不一样。猪懒得动脑，只能算是个人手；狗懒却忠心，是个人才；猫的懒，却有着自己的独立思考，是个人物。

我常跟学生说，天底下有四种人：第一种是勤劳但不思考的人，算是勤劳的笨蛋，常常误事还沾沾自喜，有点像海绵宝宝，为人热情，但常毁了别人；第二种是勤快的聪明人，这种人是最好的干部，是稀有动物，要好好珍惜；第三种是懒惰的笨蛋，这种懒，将让你一事无成，但是对组织、社会没有什么杀伤力；而第四种是懒惰的聪明人，这种人就是个人物，因为要懒，

所以就要聪明。

我在台湾科技大学讲课时，常提醒学生你们是一群不普通的人，因为你们必须考到所有考生的前5%才能进来。前5%是精英，而精英是一群不普通的人，因为他们勤快、上进、聪明。但是不要忘了，大部分人都是普通人，多半是追求舒适的懒人。所以精英想出来的办法，这个世界多半都无法接受。

科技始终来自人性，而人性多半是“懒”的，所以成功的科技一定要满足懒人的需求，必须将科技的使用做到毫不费力，让懒人学得会，也爱用，这是科技满足人性的关键。精英为什么爱讲“干话”？因为他们以为世人都像他们一样勤快与聪明，懒人听起来心中自然想骂脏话。精英们，要记住，世人多半是懒的，绝对不要假设群众都跟你们一样勤快与上进，如果你不懒，你无法了解群众在想什么；如果你不懒，也无法研发出大多数懒人想要的科技。让我们一起学习发懒吧，了解懒人的想法，你就离成功更近一步。

卢希鹏

（台湾科技大学资讯管理系专任特聘教授）

目　录

PART 1

懒人摸鱼学

想要抓大鱼，先学会摸鱼

培养懒人思维，学会懒人的乘法思考模式，让事情更简单、简化、简约，进而避开风险、打造口碑，这样才能更有效率地达成自己的目标。

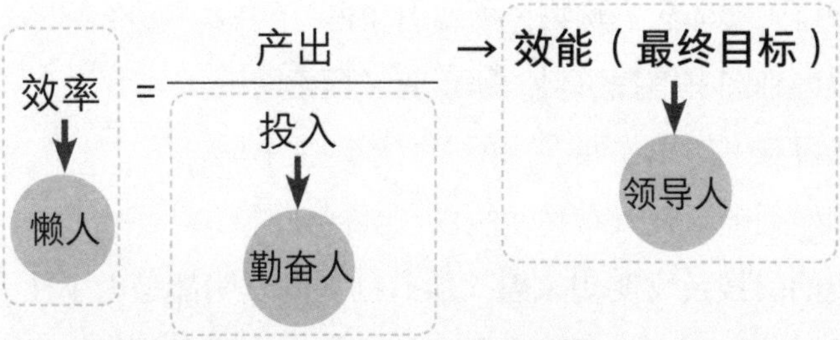

如果我们的目标是让产出及效能达到9
勤奋人会再投入8，才能达到目标9（1+8=9）

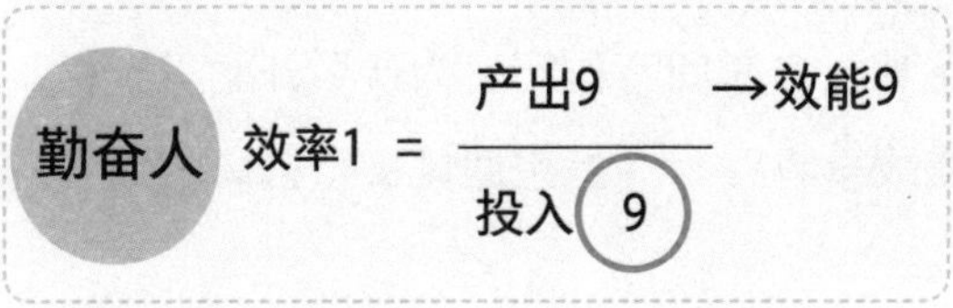

懒人会把效率提升到3，只要再投入3，
就能轻易达到目标9（3 × 3=9）

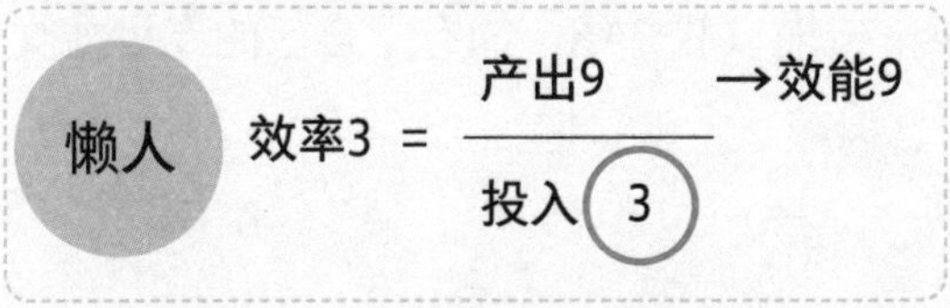

勤奋人用加法做事，懒人用乘法思考（1+8=3 × 3）

人们懒得到实体店去购物，所以有了网络网购。

人们懒得到图书馆找资料，所以有了搜索网站。

人们懒得到书店里去买书，所以有了网上书城。

人们懒得到电影院去看片，所以有了视频网站。

从人类的科技及文明史来看，所有创新的发明都是为了让人们更“懒”、更悠闲。正因为人有惰性，才会去思考并找出最有效的方法降低负担；正因为懒，人们才有动力去思考，找到能够创造最大效能与效率的方法。

有人问我为什么花那么多时间写作？又为什么开始写专栏？“有什么特别的愿景或故事吗？”“是想通过文字去影响更多的人吗？”

都不是，我没那么了不起，其实起心动念就只是想要免费做广告，懒得挨家挨户去发名片，懒得费神做关键字广告，懒得每次认识新朋友都还要辛苦地自我介绍，而有了自己的专栏与文字，不就省事多了？一言以蔽之，就是懒。

聪明的懒人创造效能与效率

爱迪生说：“天才是1%的灵感，加上99%的努力。”千万别被这句话的说法骗了，这句话本身没有错，但重点在于你必须有那1%的好灵感，99%的努力才可能有价值，如果你只有99%的努力，却少了那1%的灵感，那么你就只是个帮人机械打工的。

创造自己的效能及效率，是身为一个聪明懒人所必须做的。所谓效率，是指能在较少的投入下创造较大的产出，如此即为效率高，反之就是效率低。而效能主要看的是最终产出的结果是否能达到目标。

现代管理学之父彼得·德鲁克（Peter F.Drucker）说："效能是做对的事，而效率是把事做对。"

领导人重视效能，追求目标及结果的达成。

勤奋人重视投入，埋头苦干付出时间精力。

懒惰人重视效率，寻找方法减少自己麻烦。

勤奋的人习惯用加法做事，在效率固定的情况下，用增加投入来创造产出。懒惰的人喜欢用乘法思考，总是思索着如何减少投入，借由效率的提升来创造产出。

如果每件工作最初的效率值是1，勤奋的人努力增加投入，多一分力就多一分收获；懒惰的人却思考提升效率，让一分力有两分收获，甚至更高。

不少管理论点指出，具有懒人特质的人在简化任务及流程上最具创新力。为了减轻工作负担，他们愿意先投入时间及脑力找出好方法，再好好享受新方法所带来的好处。

培养懒人思维

这里所说的懒人思维，并非真的懒到无所作为，而是在有责任感的基础上，能够思考而后动，以最省力的方式来完成目标。正所谓“动口不如动手，动手又不如动脑”，如果一个懒人既不愿动手又不愿动脑，那当然不具有绩效创造力。

记住，这本书说的懒不是废，而是一种思考方式，为了让自己能“偷懒”，所以好好思考怎么做才能更省力；为了让客户能“偷懒”，所以好好思考提供什么样的产品及服务能够让他们更轻松。从汽车、飞机、电脑到智能手机，哪一项发明不是在帮助人们“偷懒”？

具有懒人创新力的人，学业成绩不一定出色，因为对他们而言，如果60分就能及格，为何要花90分的力气来念书？要知道，这30分可是得让懒人们付出多大的代价啊！事实上，不少卓越的成功者在校成绩不理想，正是因为他们具有这种懒人特质。

比尔·盖茨曾打趣说：“我有几科考试没过，但我同学全都过关了。现在，他在微软担任工程师，而我是微软的老板。”

千万别小看懒人，因为推动着地球旋转的，往往正是这些“懒脑袋”！

2 留白·适当的留白，才有进步的空间

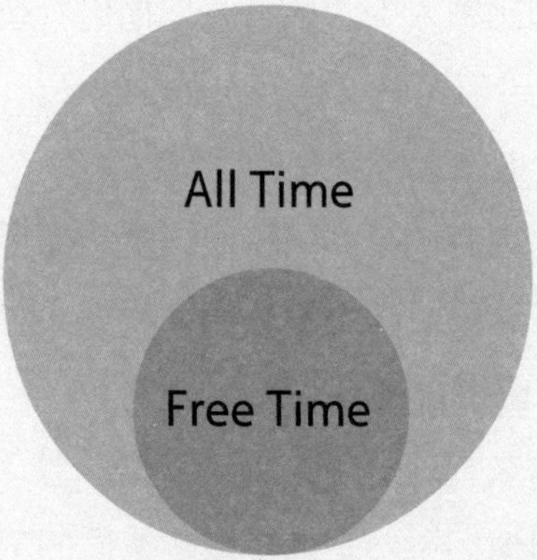

偷懒机会= Free Time =独立思考Time =创造价值Time

有留白时间，才有进步空间

穷忙族有什么特色?

他们工作时间比别人长，工作价值却比别人低；投入的体力比别人多，领的薪水却比别人少。换言之，他们看起来很忙，却不一定能创造什么实质价值，就这样陷入恶性循环。

那么，有创意及价值的人才又有什么特色呢?

不少创意型人才都拥有一个共同特质，就是懂得留白：找到独处的时间及空间，在这段时间里不应酬、不埋头在他人交办的工作中，而是只把时间留给自己。

他们将这段留白拿来整理思绪，用来写作思考，用来锻炼思维。换言之，这段时间他们不一定做了很多实质的工作，但却让自己得以重新充电及沉淀，去完成未来更多的事。因此，看似在偷懒的留白时间，反而是所有人才最不可或缺的关键时刻。

不少老板认为花钱雇人，员工所有的工作时间当然要用在公司指派的任务上，以追求最高的工作效率。其实，每一个能带来价值的人才，都一定有自己的工作逻辑，把流程定死了，反而扼杀了员工的最大效率。

不少老师认为领钱教人，学生所有的上课时间当然要用在学校安排的课业上，以追求最好的学习效果。其实，每一个能主动学习的学生，都一定有自己的学习习惯，把课程压死了，反而扼杀了学生的最大可能。

有留白的时间，才有进步的空间

如果我们再从3M、Google及哈佛大学的用人及教学来看，会发现或许那种想要管控所有时间的方式，反而阻碍了人们的进步。

3M是一个极具创新精神的企业，公司内部推行“15%文化”，即准许研发人员将15%的上班时间作为自己的Free Time。他们可以自由地研发自己的新产品，当有了成果之后再向公司推销，如果产品能够成功被商品化，他们将有机会获得公司提供的15%红利回馈。

之后Google更进一步地将这个Free Time加码到了占20%的上班时间。Google的工程师可以活用这20%的上班时间，无须埋首于公司交办的任务中，随心所欲地投入到自己的创新世界里。事实上，Google的许多创新产品，就是在这样的自由文化中孕育而成的。

这个15%及20%的时间，就是公司提供给员工的“偷懒机会”。人都有惰性，满足了他们的懒细胞的要求，给予他们正大光明偷懒的机会，反而更容易激发出全新的好点子。

再来谈谈最富有创造力的教学，这种教学的经典案例莫过于哈佛的个案式教学。这套教学方法源自1870年的哈佛法学院，并分别于1910年及1920年被哈佛的医学院及商学院所沿用，近年更是成为全世界各大管理学院争相学习的教学模式。

所谓个案式教学，是指从现实生活中找到值得发掘或探讨的议题，并将相关的故事及背景资料撰写下来形成个案，让学生扮演个案中的决策者角色，并通过老师的引导及同学间的互动，去针对个案进行分析讨论，以激发出各种可能的解决之道。

不同于传统的填鸭式教学，个案式教学既不用背诵，也不是寻找正确答案，而是培养学生主动发掘、分析并解决问题的能力。因此，有灵感时，你可以畅所欲言；灵感枯竭时，你也可以偷懒当个旁观者，听听同学有什么样的高见。

换言之，这是一堂自主决定学习绩效的课程，这样的教学方式不但成效极佳，更是培育出不少卓越的成功者。学习的特别之处就在于，当要求你高度专注时，精神反而容易涣散；若给予了散漫的机会，你的注意力反而能够在必要时集中。

这也正是前面所说的有留白的时间，才有进步的空间。

不给摸鱼的机会，就抓不到大鱼

人才的特质就是，需要一些留白的时间来独立思考。然而，如果一个人压根儿不是人才，压根儿不珍惜留白的时间，那对这个人而言，留白就不一定能产生价值了。

正因为人有惰性，才会有动力去思考，找到创造最大效能与效率的方法。而反过来思考，如果想要创造最大的效能与效率，就要提供一些满足人们惰性的机会。

无论身为老板还是老师，如果只知道将员工或学生的时间填满，反而会局限所有的可能性，让他们失去创造力。

人不但有一副懒骨头，更同时还有一副“贱骨头”。你越希望掌握他们全部的时间，越容易让他们从心底反感进而失去活力；反之，如果能够提供一些偷懒的机会，反而能够让他们聚焦于核心问题，创造无限可能。

毕竟，你不给摸鱼的机会，又怎能期待他们抓到大鱼呢？

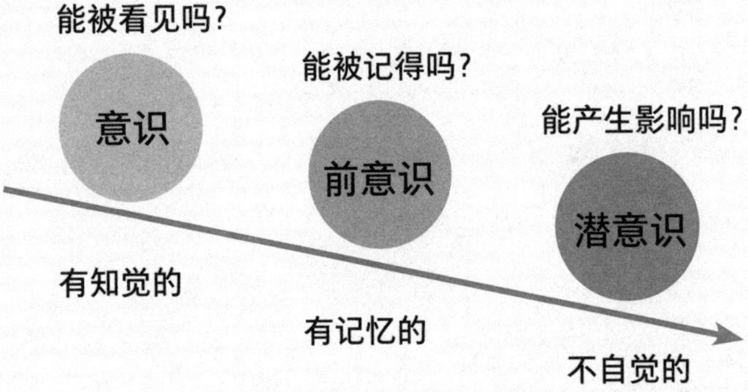

不够简单，在“意识”阶段会被排除

太过繁杂，不容易进入“前意识”被记住

不够聚焦，难以在“潜意识”中产生影响力

如果要在大学的第一堂营销管理课上，向从没接触过营销学的同学介绍什么是营销管理，你该如何介绍呢？

百度百科对营销管理的定义：“营销管理是指企业为实现经营目标，对建立、发展、完善与目标顾客的交换关系的营销方案进行的分析、设计、实施与控制。”

看完这段文字后，你知道什么是营销了吗？好像知道，又好像不知道。那么如果用类似这样的文字讲一学期，你会记得这堂课到底讲了些什么吗？

要知道，一个课程或演讲，就算传递的学问再高深，最后能留在听众记忆中的却总是少之又少。最能让听众记住的通常不是什么高深的理论，反而是一些有趣的梗或故事。

如果我们换个方式，只拿出两张照片，第一张照片是位女孩穿着时尚的凉鞋，露出来的脚指甲擦着晶亮的指甲油。第二张照片是这位女孩脱下凉鞋的样子，原来被凉鞋包覆住、他人看不见的其他脚指甲上，根本没涂指甲油，脚趾甲也长得不好看。

我说，这就是一种营销管理，扬长避短，从顾客的角度思考。在看得见的部分将最好的一面展现给顾客，并以此为思考点来决定你的产品、价格、渠道、促销。这听起来似乎没那么专业，但是不是让人有印象的点变多了？

大学生写的报告也一样，有些同学很认真，搜集了许多相关的资料，并努力将这些资料往简报里塞。整个报告几乎都在介绍他们所找来的密密麻麻的文字，虽然资料丰富，但却不容易让人留下太深刻的印象。

有些同学很敷衍，利用搜索引擎复制、粘贴了一些文字，就连作报告的人也不太熟悉这些内容，整场报告像小学生在念课文一样，这种报告也不容易让人留下什么印象。

真正能让人印象深刻的报告，重点不一定要多，可能只聚焦在一两个核心上，且找来的次级资料通常不多，只是用几个简单的创意及故事来呈现，却能起到不错的效果。这是因为听众的专注力远比我们想象中的要差。

除了简单，还要能聚焦

心理学家弗洛伊德认为，人的精神状态可以分为意识、前意识及潜意识，而人的欲望及情感等精神活动，正是受这些意识层次所主导。

意识指的是人们有知觉的心理意识，人们通过这些意识理性或感性地回应外界。前意识指的是人们能够借回忆取得的心理意识，这些意识并非时时刻刻存在，但却是能够被忆及的。而潜意识则是人们最深层、不自觉的心理意识，且往往支配着人们的本能及欲望，驱使着人们的行为。换言之，无论是一篇文章、一段演讲，还是一项产品，触及观众时都将经历这三个阶段的挑战。

“意识”——东西能被看见吗？

“前意识”——东西能被记得吗？

“潜意识”——东西能产生影响吗？

而能否应对挑战，往往取决于我们的东西是否够清晰、够简单。

如果我们的东西不够简单，人们往往在“意识”阶段就会选择排除；即使看完了，如果太繁杂也不容易进入“前意识”阶段而被记住；就算被记住了，如果不够聚焦也难以在人们的“潜意识”中产生影响。

简单是最高级的复杂

为什么TED演讲时间仅有18分钟？为什么iPhone款式选择如此之少？

在夜市中受欢迎的摊位，是只卖几种产品的摊位，还是什么都卖的摊位？

在网络上受欢迎的网页，是3分钟内就能看懂的网页，还是需要花10分钟研究的网页？

正因为惰性是人与生俱来的，观众的注意力及时间都是有限的，所以无论产品、文章或演讲多棒，如果需耗费人们太多的成本，那么它就难以在人们心中留下太深刻的印象。

史蒂夫·乔布斯（Steve Jobs）曾引用达·芬奇的名言：“简单是最高级的复杂。”

乔布斯发现，过去市场上的产品种类型号繁多，却鲜有能够主导市场的产品存在，这一现象让消费者在挑选时伤透了脑筋。事实上，好东西不能期待消费者自己去做功课、去了解，而是应该要引导消费者在最短的时间内了解商品并做出选择。多数的消费者都是懒人，不要期盼他们会自己做功课。

因此，我们可以发现Apple无论是笔记本电脑MacBook，还是智能手机iPhone，型号永远不会多，颜色的选择也相当少。因为选择过多，反而容易使人感到迷惘及焦虑，造成资讯整合上的矛盾。回过头来思考，人们真的需要如此多的选项吗？或许，简单才是一种最高级的复杂！

在这个网络经济发达的时代，资讯多得让人看不完，人们看完了也不一定记得住，记得住也不一定能产生影响。**观众的注意力及时间都是相当宝贵的，如果东西太复杂，就难以突破人们的意识、前意识及潜意识而产生影响，因此越简单的东西越具价值。**

观众都是懒人，简单才是最高级的复杂！

4 简化·重组与简化，一劳而永逸

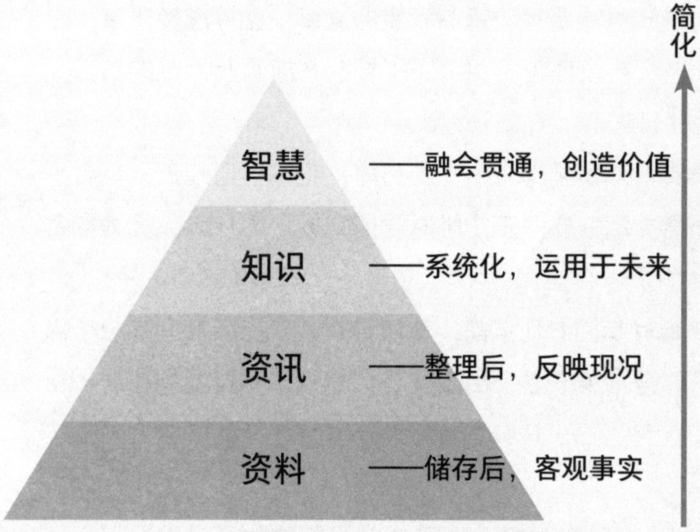

越简化，越能一劳永逸

一位在大学任教的老师，曾在闲聊中问了我一个问题：“平均一篇商管或职场文章需要写几天？”

在他的认知里，要写一篇商管类的文章，就算没多少字，也一定要去找些资料及理论，更免不了要有些编辑及消化的过程，肯定要费时耗日。

然而事实上，如果你有一个资料库，根本不用几天，在有了方向后，一篇文章只要两三个小时就能完成。为什么？因为准备功课早就做好了。

在我开始写专栏的几年前，偶然看到某家出版社办了一个出书活动，只要得到第一名，出版社将会提供出书资金的补助。一来当时正好有空，二来其实对写作还算有兴趣，我就尝试参加了这个活动。

当时我用4个月的时间挑选了12个品牌的故事，挑选每一个故事时都会到图书馆借至少5本相关书籍，如此就至少有60本书了。接着，我再以只看大标、快速重点节录的方式，找出自己特别有感触的部分重新编辑改写。最后，我结合过去所学到的商管理论，完成了将近6万字的书稿，并投稿到这个举办出书活动的出版社。

结果呢？当然落选了！得奖哪有那么容易。那我不就浪费了4个月的时光，写了一堆废文吗？我当时确实也是这么想的……

后来这些被退稿的40多篇文章，成了我博客中的第一批文章。而当我有机会开始写专栏时，这4个月的写作功课，又成了最大的资料库。新观念可结合旧故事，新故事可结合旧理论，我随时可以从当年被退的书稿中找到相呼应的理论及观点，写作起来有效率多了。

不少人眼中的知识分子，看起来似乎博学多闻，总能快速地想到不少好点子，其实他们不一定比较聪明。但是他们通过大量的阅读、整理、简化、撰写，建构起个人的资料库，也等于是打造了一个军师，如此他们才能够一劳而永逸。

想想我大学念4年商务管理的收获，可能都还没有这4个月认真写书稿的收获来得多。其实，如果没有经过整理及简化，有些东西仍然不是自己的。

资料、资讯、知识、智慧

简化的过程通常包含了资料、资讯、知识及智慧的加工及产出。“资料”是能被储存下来的客观事实；当对其进行分类归档后，能够反映出现况的即为“资讯”；再将之系统化后，能够被运用于未来的即为“知识”；“知识”经过融会贯通后，能创造价值的就是人的“智慧”。人类文明的发展，正是经由这些过程淬炼而成的。

1860年，科学家已陆续发现了60余种化学元素，但却一直难以将之理论化及系统化。直到俄国科学家门捷列夫依各元素的特性及原子的大小，反复地整理及重组，将已发现的元素整理成“元素周期表”后才有了突破。门捷列夫依据自己的推论，在元素周期表中留下了几个未被发现的元素的空格。几年后，这些元素果真一一被发现了。

就像这样，**资料及资讯的重组简化，不但有助于启发智慧，预测未来，更有机会成就一些商机**。

宜家（IKEA）的创办人英格瓦·坎普拉德（Ingvar Kamprad），从小就喜欢观察别人店面的经营模式。他发现多数店家的老板因为在杂乱的仓库中找货品，从而浪费了许多时间，而如果想让经营更加有序、顺利地开展，流程的简化绝对是首要任务。于是在坎普拉德创办宜家后，立马开始了他的简化工程。

宜家的家具都坚持采用模块组合及平整包装的方案。因为坎普拉德认为，与其找来大量员工为顾客找货品，还不如清楚地将货品陈列给顾客看。这样的设计一来方便顾客自取及组装，二来也方便公司运输及补货，而统一的商品规格及定价，更为他省下不少的资讯管理成本。

宜家借由卖场、仓储及资讯的简化，为自己大幅地减少麻烦，这些简化无疑是一种最高层次的偷懒方法。

同样的，这些成功者也得靠长期的观察及资讯搜集，才有机会找出一套最有效率的简化法。

一劳方能永逸

想偷懒就要先想如何简化，如此方能一劳而永逸。

好文章，能将复杂的想法，用最简易的方式传递给读者。

好老师，能将复杂的学问，用最简单的方式传授给学生。

好商家，能将复杂的商品，用最简化的方式传达给客户。

人都是有惰性的。正因为懒，所以才会去找好书、找好老师、找好商家，找出最轻松的途径来完成目标。而对于作家、老师及商家来说，简化不但能去芜存菁，而且更能在这一过程中重新整理所有的资源及想法。

如此才能减少甚至避免不必要的麻烦，把时间用在重要的地方，找到真正的核心价值。

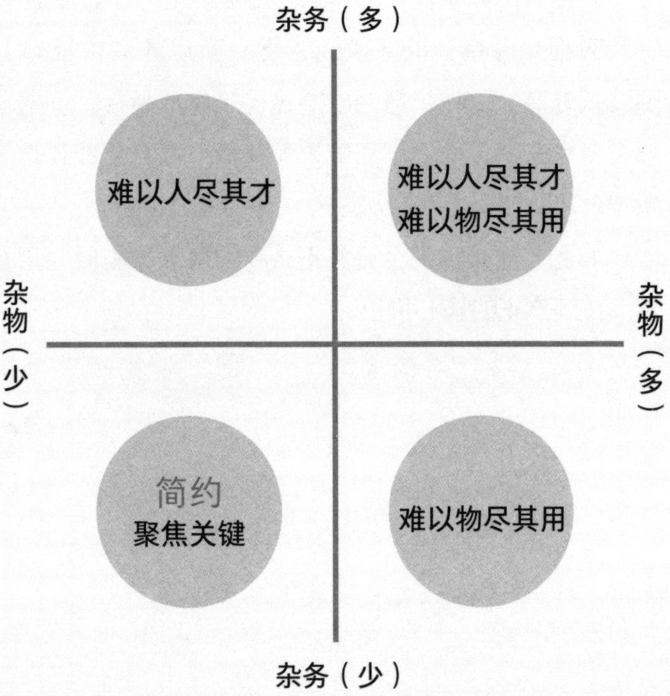
杂务（多）
难以人尽其才
难以人尽其才
难以物尽其用
杂物（少）
杂物（多）
简约
聚焦关键
难以物尽其用
杂务（少）

“哇，股东大会送的赠品不错耶！一口气带了好几个回家，后来却发现这些成本低廉的赠品根本不太想拿出来用，现在还躺在家里的一角，不过总会有机会用到吧。”

“上次量贩店大特价，消费满千送百，还拿了不少的试用品，本来自认为捡到不少便宜，事实上大部分的东西现在都还堆在家里用不到，但总会有派上用场的一天吧。”

“上次到书店一口气买了好几本书，想找个时间来好好看一下。之后朋友又推荐了几本好书，就又上博客来订购，结果却发现自己根本没有时间及心思好好去读，看书要么大部分都是囫囵吞枣，要么就是随便翻翻便将书摆在书柜里当装饰了。”

“学无止境，为了让自己更有竞争力，安排了不少进修课程，但当中有不少课程还没上到一半，就发现其实自己没什么兴趣，因为怕浪费学费，虽然觉得没什么实质收获，但还是形式上地去听一下课。”

你身边有没有这样的朋友，想买的东西很多、想做的事情不少，但很多买回家的东西，最后根本就用不到，却又舍不得丢；很多想做的事情，最后根本就做不到，总是不了了之。买回来的东西、写进日程本的规划，最后的实现率总是很低。

其实，这就是不够“简约”，让自己有太多的“杂务”及“杂物”，以至于最后反而一事无成。

“杂物”多了，容易让人无法有效率地发挥物品的价值，还可能花不少金钱在这些根本没有未来效益的杂物购置上。“杂务”多了，容易让人无法有重点地发挥个人的价值，还可能花不少时间处理那些根本没有意义的事情。

那些能轻松、快速地抓住重点的人，往往最懂得“简约”的重要性。

学会一开始就简约

东西一旦买得太多又舍不得丢，就容易囤积。如果在工作场合堆满用不到的杂物，或是在家里堆满用不到的杂物，那么工作一定没效率，居家一定不惬意。

因此，学会为自己的“杂物”把关，是决定一个人消费效率的关键之一。

行程一旦排得太满，一定会有部分行程难以完成，而当习惯了自己的规划总是不能实现时，就会陷入一个恶性循环——反正不一定能实现，那么所有的行程安排就等于白费。久而久之，就成了一个可以随便规划、却又可以随便放弃的人。

因此，学会为自己的“杂务”把关，是决定一个人处事效率的关键之一。

最好的方法就是别轻易地让杂物进家门，如果某个东西在未来根本不太能用到，在带入家之前就该丢掉了。如果某项任务在未来根本做不到，在排入计划前就该舍弃了。学会为每次的购物及规划把关，越简约越好，这样才能成为一个有效率的把关人。

但不少具有高度创意的人，桌面不也是凌乱的吗？

确实没错，但如果再细心观察，会发现这些具有高度创意的人通常是乱中有序，而且当中鲜有用不到的垃圾存在。换言之，他们只是把所有用得到的东西，以较随意的方式，摆在自己脑袋管理得到的地方而已。

没有杂物才能物尽其用，没有杂务才能人尽其才

简约的思维绝不是空虚及匮乏，而是创造更多的空白及空间，让脑袋有机会运转。

让原本复杂的物品，变得越简约越好；让原本复杂的活动，变得越简约越好。如此你才不会被繁杂的信息所淹没，看不到真正重要的事情。

在消费时，不能因为钱多就乱买，也不能因为钱少就不花该花的钱。对于每笔花费，都应该有一个独立的评估系统，不把钱花在杂物上；同样的，也不把时间花在杂务上。

预防远胜于治疗，与其等东西变杂乱之后再来整理丢弃，不如一开始就别让垃圾进家门；与其等事情变麻烦之后再来烦心收拾，不如一开始就别自找麻烦，在麻烦找上门前先学会把关。

当一个人的生活不再习惯被杂物及杂务填满时，才有机会放进新的东西。越懂得过简约生活的人，越有找到创造价值的机会，才不会把心思放在那些无意义的地方。

没有杂物，才能物尽其用；没有杂务，才能人尽其才。

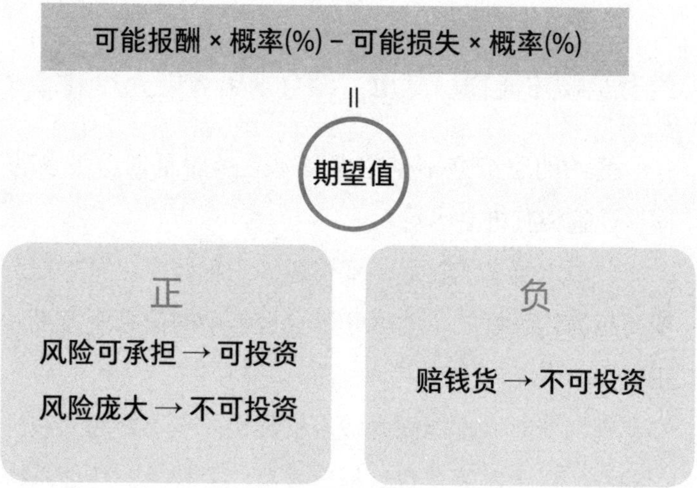
可能报酬 × 概率(%) − 可能损失 × 概率(%)
‖
期望值
正
风险可承担 → 可投资
风险庞大 → 不可投资
负
赔钱货 → 不可投资

一位开工厂做生意的老板，他有才干、有冲劲，也颇懂得交际，因此事业做得还不错，过去在经济起飞时赚了不少钱。他唯一的坏习惯是好赌，常窝在赌场里打麻将，而且玩得还不小，一个晚上输赢的金额可达上万元。

除了麻将外，他还喜欢签赌当时很风行的六合彩。然而“十赌九输”不是假的，这位老板光败在赌博上的钱，就足够让他买下当时台北市的一套房子了。

有生意头脑的老板发现，在赌局中如果你不是庄家，只是个闲家，想靠赌博赚钱根本难如登天。于是在一个机会下，他与朋友合伙当起了庄家，让别人来跟自己签注。当庄家的第一期，他就轻松赚进六位数的签赌金，第二期、第三期也赚进大把钞票，然而人算不如天算，在某一期竟然被签中了最大奖，得赔出高达八位数的赌金！

因为这笔赌金，本来手头宽裕的老板瞬间积蓄归零，房子拿去抵押借钱，还借了三分利的高利贷。他从一个人人称羡的大老板，变成了四处借钱的落魄中年人。虽然事业还在，但这次的打击着实让他风光不再，跌了人生好大一跤。

可怕的是，他的赌性似乎是与生俱来的。听说一直到现在，他仍然沉湎在赌博的世界里，也和成功企业家的形象渐行渐远了。

冒险精神，绝非成功者必备的特质

冒险精神往往是成功者故事开始的契机，但却不一定是成功者必备的特质。

假设一部动作冒险电影，主角面临5次生死关头，每次死亡的概率约为50%。那么从统计学的角度来看，主角最终存活下来的概率应该仅有3.125%，显然主角面临的不只是“九死一生”。

最主要的原因便在于电影是故事，要加入紧张及冒险的情节，观众才会大呼过瘾。同样的，成功者的故事也必然是经过去芜存菁的，去掉的部分可能是最无趣却踏实的部分，而留下的往往是被添油加醋后的冒险精神。冒险势必伴随着高度的不确定性及庞大压力，费神又费力。事实上，聪明的懒人根本就不爱冒险。

投资之神沃伦·巴菲特（Warren E. Buffett）认为，除非有合理的报酬，否则他连小风险都厌恶去承担。

巴菲特在十几岁时就用打工挣来的钱，通过父亲以38.25美元买下第一只股票。结果这只股票一路跌到了27美元，让童年的他第一次感受到投资带来的庞大风险及压力，于是在股票涨回40美元后，他就迫不及待地卖掉股票，然而这只股票又一路涨到了202美元。这次的经验让巴菲特从此重视投资的稳定性，也养成了投资不跟风，而要看企业经营本质的习惯。

常有人说别将鸡蛋放在同一个篮子里。巴菲特却认为，应该把鸡蛋放在同一个篮子里并小心看管。因为要避险，就必须尽可能完整地去了解手上的鸡蛋，审慎地评估所有可能的风险并加以控制。成功唯一的道路，就是不失败。

管理风险而不冒险

赌博被视为最冒险的行为之一。那么拉斯维加斯金沙集团的董事长谢尔登·阿德尔森（Sheldon G. Adelson）所经营的博弈业，是一场最大的冒险及豪赌吗？实则不然，从轮盘、骰子、百家乐到吃角子老虎机，所有的赌局设计都是对庄家绝对有利的。也就是说，只要赌场运营顺利，且赌局能够无限轮回，庄家就会稳赚不赔。

阿德尔森曾说过：“科技必须不断创新才能满足消费者，然而博弈业不用，因为赌性本来就是人类与生俱有的欲望。”换言之，他经营的是一个稳赚不赔，又不会被时代淘汰的永续事业，何险之有？

风险的概念很重要，在进行任何一项决策时都要先估算期望值。所谓期望值，是在清楚掌握可能报酬与损失，并评估相应风险后的最终期望可得。不过，即使一个决策的期望值是正的，也不代表它就一定是个好决策。若有一个机会，有55%的概率可以赚100万元，45%的概率会赔100万元，该不该赌？

答案是不一定。如果你是身家上亿元的投资者，而期望值是正的，那这就是一个好投资，只要能找到大量类似的投资标的，通常就可以慢慢累积财富。但是，如果这100万元是一个人的最后保命钱，输掉了就只能流落街头，那么这还是一个好投资吗？

通常来说，开赌场的不会开设赢不了的赌局，做投资的不会承担控制不住的风险。他们不是不冒险，而是审慎地评估可能出现的风险，进而规避及控制风险，以追求长期而稳定的获利。

事实上，不少的成功者根本不爱冒险。他们不打没把握的仗，也不爱开启一趟无法掌握方向盘的旅程，且永远不会让自己置身于无法承担的风险中。**他们习惯有系统地计算并消弭风险，擅于运用所拥有的资源，去创造一些稳健的机会及契机，这才是永续成功最重要的一个特质。**

过度的冒险本身是很费神费力的，要当一个聪明的懒人，就别把自己放在那个麻烦的位置上。

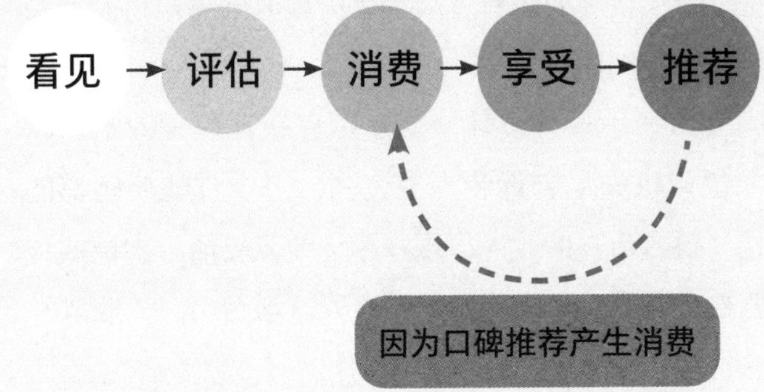

口碑的建立，可省去等着被看见与被评估的时间

搭计程车是件有意思的事，只要愿意开口及留心观察，在短短的时间及小小的空间里，有时也能得到一些有趣的资讯。

有些司机喜欢大谈政治话题，有些司机的副驾驶座堆满私人物品，有些计程车里烟味扑鼻，有些司机喜欢穿着居家的“蓝白拖”就上路。我曾经遇到过一个富二代开名车来当计程车司机，只是为了打发时间。我甚至还有过因为目的地方向与司机回家的方向不同，而被请下车的经历。

然而，因为市场不景气及环境变迁，现在计程车的生意越来越难做。一位司机先生告诉我，在过去，一个月随便跑都能有4万～5万元（新台币）的收入；现在跑得要死要活，扣掉油钱及停车费等必要支出后，只剩下2万～3万元（新台币）的收入，这根本就是一个高工时、低报酬的血汗工作。

不过，我前阵子遇到的一位计程车司机，却有些不一样。

这辆计程车虽不是什么名贵车种，但从里到外及司机的穿着，都带给人一种得体的舒适感。“市场不景气，计程车是不是越来越难跑了？”上车后，我随口问了问。

“大环境是不好，如果现在跑车的方式还像过去一样，确实会跑得很辛苦。想要赚得多一些，赚得轻松一点，还是需要些经验及口碑。”司机先生说。

经验？口碑？这个答案倒是与我过去对计程车司机工作的认

知有些出入。计程车靠的不就是勤奋及运气吗？按理说，这应该是一个“三分天注定，七分靠打拼”的行业啊！

原来，计程车要跑得好其实有不少学问，大至机场、车站，小至百货公司都有其不同的领域及规矩，即使只是路边载客，哪些时间、哪些地点能够载到高报酬的好客人，都是需要些经验的。只要能摸熟自己地盘的顾客特性，载起客来就能事半功倍，这就是经验。

经验或许还能理解，那什么是口碑呢？不都是随机载客吗？哪来的口碑？

原来，这位司机在随机载客之余，竟然有数十位老主顾。老主顾们会通过电话、网络、社交媒体来跟他敲定时间及行程，而当彼此之间培养起足够的默契及信任后，连接小孩、老婆及长辈，甚至是应付临时的紧急需求，都可以纳入他服务的范围。“上次载一位老客人到了机场，他才发现把护照忘在家里，我还空着车到他家里帮忙拿护照，这种生意的收入很不错，而这靠的其实就是信任及口碑。”司机先生如此说。

如果只是正常排班及载路边客人，能够赚取的其实就只是同行里的“正常利润”，而想要赚到比别人更多、更轻松的“超额利润”，就一定得有一些好的卖点及卖相，并打造良好的个人口碑。就像这位司机仪容得体、谈吐得宜、车子又舒适，还给老顾客提供多元弹性的乘载服务，才让不少老顾客愿意指定他的车，让他省下不少寻找客人的时间。

有关系就是没关系

俗话说得好："有关系就是没关系。"这句话意指只要与当事者攀上关系，往往就能从中得到许多方便及助益。**而所谓关系营销，就是一种以顾客关系导向为出发点的思维，希望能够通过关系的建立，提高顾客的忠诚度，进而通过口碑吸引更多顾客上门。**

我们看新闻，可能是陪家人看。

我们吃美食，可能是陪爱人吃。

我们玩游戏，可能是陪朋友玩。

我们买团购，可能是陪同事买。

人都是有惰性的，因此从消费、消遣到消息，多数都来自现有的人际关系圈，从看见及听见的资讯中去选择，而鲜有刻意去费心搜寻的。这就是口碑，也是一种通过关系来选择的懒人经济模式。

消费循环可概分为五大步骤——看见、评估、消费、享受、推荐。在一般的消费行为中，商品往往必须经历被看见及被评估后，才有机会被消费。然而，如果能像这位司机一样拥有自己的口碑及老顾客，就能跳过被看见及评估的步骤，直接让老顾客回笼及推荐，带来源源不绝的好生意。

顾好口碑及老顾客

这是个连律师、医师、老师都有可能流落街头的年代，工作头衔早已不再是收入的保证。若留心观察，其实各行各业都存在着这样的“超额利润”的拥有者。

营销大师乔·吉拉德（Joe Girard）曾说：“人一生里卖的唯一产品，就是自己。”这里指的就是个人品牌塑造的重要性，而这一切都得从打造好个人口碑开始。

相关研究指出，找到新顾客所要付出的成本是留住老顾客所要付出成本的5倍，而流失一位老顾客的损失，则需要10位新顾客来弥补。这正是因为顾客都是懒人，他们习惯于随兴地消费熟悉的产品，而不愿花太多时间来搜寻新玩意儿。**想要狩猎新顾客是很辛苦的，因此更要懂得去耕耘老顾客，让老顾客成为我们好口碑的塑造者，为我们创造一种通过关系建立起的懒人经济。**

聪明懒人最失败的一件事，不是猎不到新顾客，而是留不住老顾客。

8 目标·要有放弃的勇气，才能找到最适合的目标

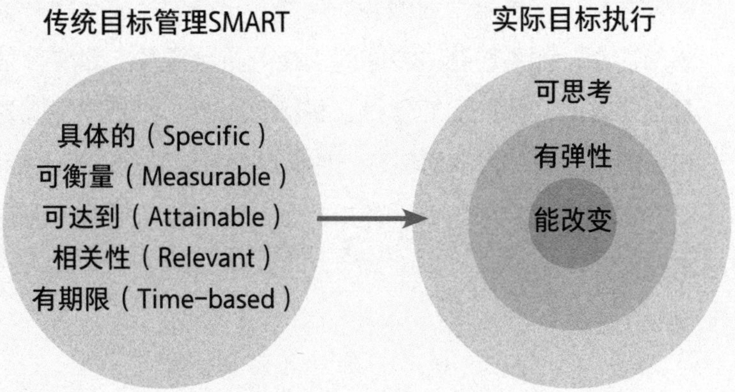

目标就算没有全然达到，
也能在实际执行时瞄准

有个同学的父母都是公务员，因为从小耳濡目染，所以他很早就下定决心，把考上公务员作为人生的目标。大学毕业拿到学位后，他就开始全心准备公务员考试，希望能够得到一个“铁饭碗”。

然而，在民营企业普遍低薪的时代，公务员无疑是一个僧多粥少的职缺，要考上还真没那么容易。他就这样在补习班窝了3年，仍然没有如愿考上。

要知道，一个全职考生的压力是很大的，不但家里会给压力，亲友也会过问，而这种浪费了3年光阴却一事无成的无力感，让人倍感焦虑。更麻烦的是，这位同学并不算是特别会念书的那种人，因此拼考试对他而言，不但经济效益不高，痛苦指数也不低。

该放弃吗？不，他认为既然决定了，就该勇往直前，反正父母都是收入尚可的公务员，家中经济无虞。因此，他找了个便利商店的兼职，继续半工半读地准备公务员考试。

结果皇天不负苦心人，有志者事竟成了吗？

不，对于一个家中经济无忧、准备考试又不得要领的人来说，不管给他3年还是6年的时间，结果都一样。他考了6年仍一无所获，也还在半工半读。唯一的差别是，他稍微认清了现实，投入在工作上的时间越来越长，而投入在补习班上的时间越来越短。不过，每年的公务员考试，他还是一定会去报名。

从结果来看，他浪费了6年的时间，却一事无成，就因为他是一个特别“坚持目标”的人。

而另一位同学走的路线完全不同。他在高中时就发现自己念书没天分，考试总是考不过别人，因此他很快就放弃了升学及考试这条路，高中毕业后就投入职场。

他先到小吃店当厨师学徒，发现自己缺乏厨艺天分——放弃！转个弯！

他转到房地产业当房屋中介，发现自己缺乏业务热情——放弃！转个弯！

他又到货运行当货运司机，发现自己开车容易疲累——放弃！转个弯！

之后，他来到修车行当学徒，发现自己对汽车、机车零件似乎颇为得心应手。他于是认真工作了几年，累积一些资源及技术后，在老板的支持下开了间属于自己的机车行，成为一个小老板。虽然不算什么功成名就，但确实一步一步地让自己更有成就了。

原来，有的时候“坚持”不一定好，“放弃、转弯”也不一定不好。如果你只懂得向目标直线前进，一旦碰壁就容易停滞不前。因为我们没办法改变这个世界的游戏规则，所以只能不断地修正目标，从中找到最适合自己的路线。

别拘泥于直线目标

你有没有遇到过那种很爱对别人诉说梦想的人？你觉得他们梦想的实现率高吗？其实，越容易实现目标的人，反而越少将“梦想”挂在嘴边。因为“梦想”是用来“想”的，他们必须不停地在脑中思考并修正。若一个人总是把明确的梦想挂在嘴边，那就成“梦话”了。

拳王泰森说：“每个人都有一个计划，直到被一拳打在脸上。”

有些人很会制定目标，还把目标的时间及细节写得一清二楚，但通常他们很快就会发现真实情况与自己的计划一定有差距。因为一个人只能掌握自己的思维及行为，但不管是什么计划、目标，或多或少都会被其他人或其他事物所牵动。

一个有足够挑战性的梦想，我们不可能百分之百清楚当中的细节，以及未来会发生什么事，就算有详细的资讯，也不代表不会有变数。因此，我们并不需要在一开始就明确地认定终点长什么样，只要大概知道目标的方向就足够了。耗费大量精力及时间在说梦话上的人，圆梦率往往是最低的。

学会放弃与转弯

李小龙曾说：“目标不一定总是要达到，目标是用来帮助你瞄准方向的。”

过去，“坚持”一个明确的目标，经常被视为成功的必要特质。人们认为无论做什么事都要坚持下去，只要坚持就一定会成功。但这真是对的吗？**原来，“放弃”有时也是一种勇气，因为唯有敢于重新归零“转弯”，才能找到最适合自己的方向；而认识到自己的不足，也才能更客观地找到最适合自己的资源。**

爱因斯坦曾说：“天才和笨蛋之间最大的差别，就是天才是有极限的。”认识到自己有极限，其实也是一种天分。认为自己没有极限，相信只要坚持目标就会成功，这才是一种愚蠢。

聪明的懒人，得先了解自己的极限在哪里。

PART 2

懒人定位学

找对方向，少走冤枉路

找出自己的兴趣及天赋、活用过往的知识及经验，发展强项、消弭破绽，做出聪明的选择，为自己精准定位，才能少走些冤枉路。

9 定位·找到正确的位置，才能发挥真正的价值

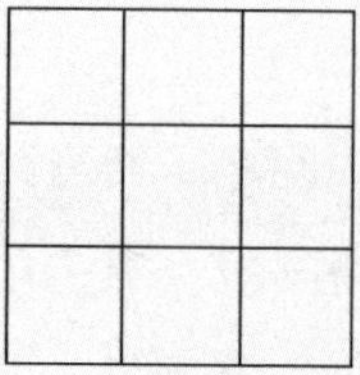

区隔

将市场区分为不同群体

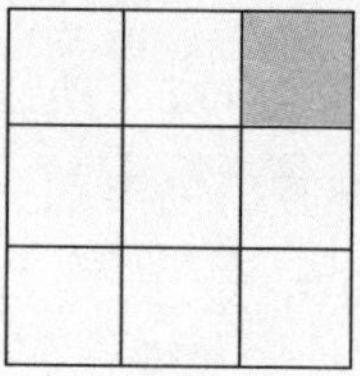

选择

依优劣势选择目标市场

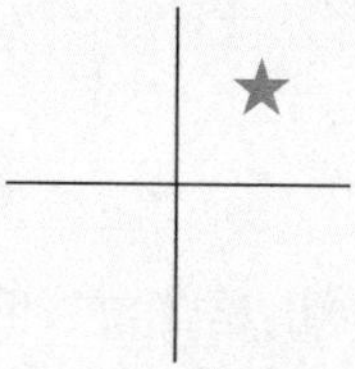

定位

扮演好这个角色与定位

漫画是不少人儿时的共同回忆。而当时我最大的疑问，就是为什么那些女生爱看的少女漫画里，男主角都是又高又瘦的，眼睛还会闪闪发亮，甚至有些角色登场时，背景还会出现花朵或宝石。这显然一点都不科学啊，现实中哪里有这样的生物？

原来，我看的那些是少年漫画，目标读者是少年，因此男主角不用太帅，甚至矮一点、丑一点都没关系，只要够热血、搞笑就行。而少女漫画的目标读者是少女，所以男主角一定得像个王子才会受欢迎。如果我们再翻开恐怖漫画，就会发现其中人物的黑眼圈总是特别重，背景也很阴森。

同样的，当一部电视剧的目标观众是男性时，通常喜欢安排一个像英雄般的男主角，且有好几位女性爱慕着他；反之，目标观众是女性时，通常喜欢安排一个有点平凡的女主角，却周旋在众多痴情、有才华的男性之间，不来个男一、男二、男三，好像整部剧就不够有味道。

其实，这就叫作“定位”。**所谓定位，就是为自己找到一个很清楚的位置，并好好地演绎出这个位置的角色该有的样貌**，是少年漫画就要有少年想要的热血，是少女漫画就要有少女想要的浪漫，是恐怖漫画就要有读者想要的阴森，定位清晰才能让别人能够快速认识你，也能让自己清楚要往哪个方向前进。定位越精准就越有效率，也能越快找到对的方向，少走一些冤枉路。

定位通常跟个人的特质及竞争力息息相关，因此可以从自己的兴趣、天赋、学历、经历，以及现有资源等出发，来确认自己的优、劣势，再从中找到适合自己的位置，有了方向后，再来好好地定位。

通过“STP营销策略”找定位

定位的过程通常可以分为3个阶段，分别是市场细分（Market Segmenting）、目标市场（Market Targeting）和市场定位（Market Positioning），这整个过程称为“STP营销策略”。

一、市场细分

市场细分的观念最早可追溯到18世纪的英国。当时的火车车厢开始采用不同的定价及服务方式，分成了一般车厢及商务车厢。他们发现这么做，获得的利润更高，从此商人们开始有了“差别定价”的概念。

市场细分最主要的目的，是要将市场区分为不同的群体，并让每一个子群体有着类似的需求及特征，以便进行分析及找到最适合自己的市场。

市场细分不仅能运用于企业品牌运营，每个人也都应该试着去分析自己的市场，做一个细分及选择。

其实，我们从学生时代起就面临着许许多多的细分：初中时学校依学生成绩将班级分成了重点班及普通班，大学则分为公立大学及私立大学，即使是同一所学校，又可分为商学院、工学院、文学院、医学院等。

进入职场找工作时，行业类别可分为科技业、餐饮业、保险业、零售业等。进入一家公司，公司可能又分为营销部门、业务部门、研发部门、财务部门、人力资源部门，之后又可依职位高低及职务的不同，作出各种不同的职位细分。细分无所不在，越能看清楚市场细分，就越有机会找到最适合自己的位置。

二、目标市场

完成了市场细分后，就可依据自己的优势、劣势来进行目标市场的选择。如果你不擅长考试，最好别去考公务员；如果你有一个工科脑，就别去找文科类的工作；如果你擅长脑力活，就别去找体力活。

在选择目标时，有时重点不在于你多有本事，而在于你能不能找到一个适合自己的位置。选择一个能够发挥所长的位置，才有机会发挥自己的真正价值。

三、市场定位

市场定位是“ＳＴＰ营销策略”的最后一个步骤，要依据市场细分及目标市场为自己找到一个明确的位置，再好好地演绎好这个位置上的角色。

每个人都得学会营销自己，而营销最容易犯的错误就是妄想给予消费者所有其想要的东西。事实上，当我们想要囊括所有事情时，最后会连一件小事都无法做好。

站在对的位置，才不会浪费时间与力气

市场上的商品，要以定位来决定目标顾客。

战场上的士兵，要以定位来决定任务执行。

球场上的选手，要以定位来决定球员配置。

职场上的人才，要以定位来决定职位安排。

定位并不是要让自己受限在框架里，而是不要让自己在不对的位置上浪费时间及力气。

一个聪明的懒人，一定要学会看懂组织及市场结构，并定位好自己的角色。这个定位，可能跟自己的兴趣、天赋、学历、经历有关。为自己找到一个最合适的定位，你才能少走些麻烦路，用最省力的方式，让个人的价值最大化。

10

兴趣·顺应自己的兴趣，发展竞争优势

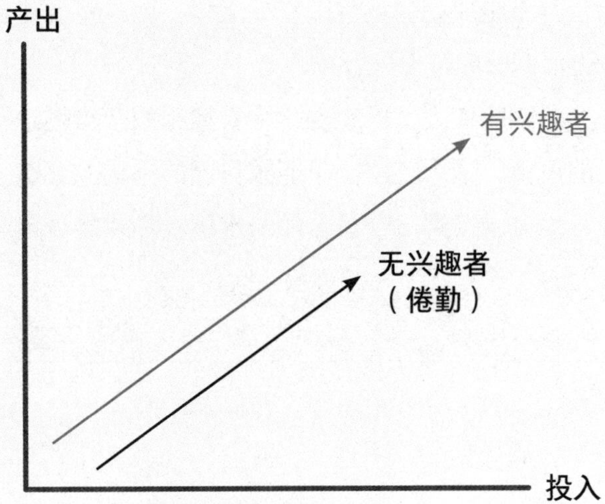

兴趣影响热情与专注

成就需要持续专注地投入

我高中时，正流行一款线上游戏叫《天堂》。这是一款以打怪练功为主轴，并以打到宝物为目标的游戏。当时，多数朋友都将精力及时间放在提升自己的等级及打宝上。

但我天性懒惰，反而喜欢待在游戏中的村子里，去观察玩家之间买卖装备的市集。

我发现，在当时的新手村中，每个新手玩家都特别需要一套三件式的装备——骷髅头盔、骷髅盔甲、骷髅盾牌，这是一套相对平价、却又有不错防御力的好装备。然而，制作这套装备所需要的最重要的材料——骷髅碎片，却是在新手村打不到的。

当时我最喜欢操控自己的角色，走到能够打到大量骷髅碎片的村庄，以一个略低的价格去大量收购骷髅碎片，再回到新手村，将其他材料搜集齐全后，做出成套的骷髅装备来贩售。

虽然我的等级总是比朋友低，但赚的钱反而比朋友多，最重要的是，我乐在其中。

不过，我作为“骷髅商人”所做的生意并没有让我赚太久，随着其他玩家看见这个商机及跟进，再加上外挂程序的出现，市场利基就消失了。

后来我念商业管理专业，从中找到一个新的赚钱方法，叫作“蓝海策略”。如果一个领域没有进入门槛，就会闯入很多竞争者，最终这个市场将变成“红海”。

我读大学时，因为喜欢看NBA篮球赛，所以喜欢搜集球员卡。那是一个网络拍卖渐渐萌芽的时代，收藏者会将一些想要交易的球员卡，放到网络上进行竞标买卖。

台湾地区的NBA热潮于20世纪90年代才渐渐普及，因此90年代以前的球员卡相对稀少，一些收藏者对这些老卡爱不释手。

于是为了赚零用钱，我开始学着上美国网购网站，从中找一些有赚头的老卡，竞标回来后，再重新整理搭配，以一元起标，一年下来也有六位数的净利。虽然不是太多，但对我来说，却比去找一般的兼职有趣多了。

只是到了第二年，同样的老卡以一元起标拍卖，利润竟然不到第一年的二分之一。但这并不是因为有竞争者跟进，而是台湾老卡的市场需求本来就不大，愿意消费的需求者都已经买够了。

后来我从经济学中得知，当市场需求固定时，供给增加，最终的均衡价格就会下降。

如果不能创造需求，每一单位的净利就会越来越低。

兴趣是最好的老师

想想，我们从小到大读了那么多书，然而，真正能为我们所用或留在记忆中的却少之又少。比起呆板的课本，反而是这些在兴趣中得到的体验及收获给我们的印象要深刻许多，甚至对未来有所启发。

小时候一些看似毫无助益的游戏，或是不切实际的收藏，其实都是培养我们的逻辑力及思考力的好教材。我们只要能够乐在其中，并愿意尝试去思考如何把游戏玩出自己的风格，如何找到一套专属于自己的收藏法则，从中得到的收获，往往就很有意义。

有些家长认为小孩在课业之外，着迷于一些游戏或动漫不是件好事，事实上还真不一定。

我也喜欢玩游戏，而且认为过去玩游戏的经验，对于思考力及逻辑力的提高具有一定程度的刺激作用，而其中不少游戏的设计理念更能成为创意及灵感的来源。

玩游戏要把握一个重点，就是不能只被游戏牵着走，而是要边玩边思考，游戏的设计者到底在想什么？

一个能够引领潮流的好游戏，通常都是由一群聪明绝顶的人联手打造而成的。有人负责写出好剧本，有人专注角色的形象管理，有人建构游戏的世界观，而为了能够让玩家入迷，从关卡的难易度、所需时间到破关的成就感，其中都藏着不少学问。

其实就像是看了一本好书，如果我们能在玩游戏的过程中，尝试从游戏设计者的角度去思考，也能获得不少启发。

“这关卡为什么要这样设计？如果换个方式是否更好？”

“这剧情写得非常引人入胜，如果我来写会如何推进？”

“这角色造型为何这样设计？如果少掉某些配饰行吗？”

一个好游戏，并不是把角色做得最帅、画面做得最华丽、困难度做得最高就会好玩。因为太困难会让人焦虑，太简单又让人觉得无趣，角色太帅有时反而让人少了带入感，其中的学问真的要玩过才能体会到。

只要你能够掌握主导权，在玩中学，并从游戏设计者的角度思考，从中获得不少知识及灵感，甚至能激发创意，它就是好的兴趣。反之，如果你只是傻傻地被游戏世界牵着鼻子走，就不见得是好事了。

让兴趣自己找上门

兴趣很重要，这几乎是每个人都懂的道理，因此有时候会听到一些家长分享这样的教育观及论点——

"英文好才能发展国际观，所以要培养孩子对外文的兴趣。"

"常阅读才能够增进知识，所以要培养孩子对阅读的兴趣。"

"学音乐的孩子不会变坏，所以要培养孩子对音乐的兴趣。"

这其中其实有一个很大的谬误。所谓兴趣，通常都是与生俱来的，而不是爸妈指定培养就可以强迫得来的。

亚马逊（Amazon）创始人杰夫·贝索斯（Jeff Bezos）说："人们常犯的一个错，是强迫自己对某事感兴趣。其实不是你去选择兴趣，而是兴趣选择了你。"

当一个聪明的懒人，不是要逼自己为勤奋而勤奋，更不是要逼自己要对某些事感兴趣，而是顺应自己的兴趣，找到自己在兴趣里可能发展出的竞争优势。

11 天赋·发掘专长与天赋，方能事半功倍

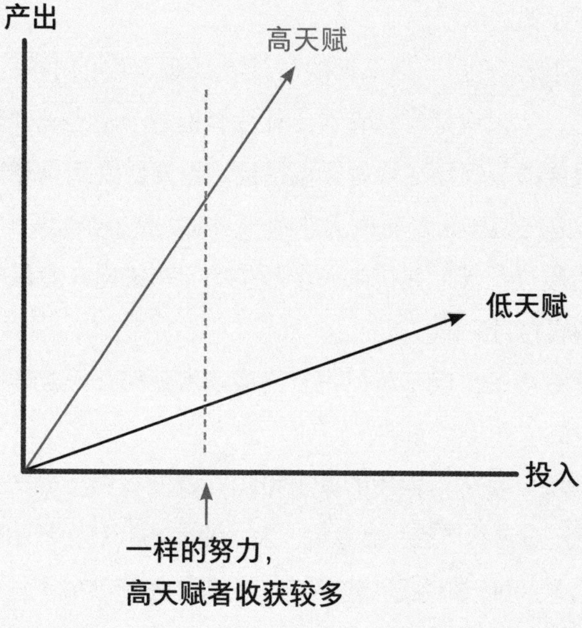

因为学生时代热爱打篮球，我自然而然地就喜欢看一些关于NBA的资讯，所以几乎每个月都会到租书店借杂志回来看。看着看着多少就有了些心得，总感觉自己似乎也能写出一些东西来，最后决定不如就试试吧！

当时，我用了近一个星期的时间完成近万字的书稿，投稿到篮球杂志。本来只是尝试看看，并没有抱着一定会被刊登的希望，但如果能够被刊登在读者投稿栏目，也算是我NBA球迷生涯的一个小纪念，说不定还有机会拿到一两期免费的杂志呢！

投稿后没过几天，我接到一个陌生的手机来电，竟然是篮球杂志的总编辑打过来的。

“你这篇稿子，我不能只把它当成读者投稿，一定要给你稿费，什么时间方便见个面呢？”

啊！原本只是玩票性质的读者投稿，竟然有机会被当成正式稿子使用，还有稿费可领！就这样，我的文章被刊登在从小看到大的篮球杂志上，同一个主题还连载了好几期，于是我成了一个外稿作者。

这也太令人振奋了！这不但是我的文章第一次被杂志刊登，而且让我领到了人生的第一笔稿费。

其实，过去我根本没有写作的兴趣及习惯，但这次的经验却让我有了些信心——说不定我有写作的天赋，可以好好利用一下。这也成了我后来持续投入写作的契机之一。

提升个人品牌的方法有很多，有人选择好好经营社团，有人选择买关键字广告，而我则选择了持续投入写作。有了专栏，不但有稿费可以贴补家用，还有了免费的广告——写作，这无疑成为我的一笔相当重要的资产。

然而，如果我没有一点点的写作天赋，没有写出一点点成绩，其实我根本就懒得写。如此想来，天赋难道不重要吗？

天赋是现成的竞争力

试想，如果——

让充满想象力的华特·迪士尼（Walt Disney）去操作股票；

让对数字敏锐度高的沃伦·巴菲特（Warren E. Buffett）去设计服饰；

让充满工艺设计力的路易·威登（Louis Vuitton）去创作童话。

那么，他们或许都不会有今天的成就，这个世界可能就不会有迪士尼乐园、不会有股神，也不会有名牌LV了。

找到自己擅长的事是相当重要的。在某领域拥有高天赋的人，其投资报酬就会比其他人高，一样的努力，却有着更多的收获，如此方能使你更有成就感、更愿意投入其中。能找到自己的天赋所在，才能有所成就。

曾经有位朋友，在学生时代就展现出相当不错的外语天赋。不管是英文还是日文，他学得都比别人快。一样的起点，其他人还在努力背单词跟五十音，他已经可以轻松地进行基础对话了。

这位朋友的父母都是老师，因此在他毕业后，父母就一直鼓励他往教职发展，希望他将来可以当个老师，工作稳定、待遇又不差。拗不过父母的要求，他只好乖乖地往父母想要的方向前进。

但这偏偏是一个“少子化”的年代，粥少僧多，学生很缺，最不缺的反而是“流浪老师”。于是他浪费了好几年的青春来满足父母的期盼，却始终庸庸碌碌得不到一份稳定的教师工作，直到最后父母放弃，同意他去找其他工作。

之后，他进入一家国际专利事务所，主要的工作是协助外国客户进行专利的文字及口语翻译。由于在外语方面优异的学习力，他工作没几年就培养出极高的工作效率，而且升迁颇快。现在他领的薪水加年终奖一点也不比老师差，最重要的是，这样的工作让他有成就感多了。

别用爬树的能力去评判一条鱼

爱因斯坦曾说：“每个人都身怀天赋，但如果你用会不会爬树来评判一条鱼，它终其一生都会以为自己愚蠢。”

但有时候我们的学校教育，却像是把每一个人都丢到同样的树干上，或是丢进相同的深水或热火中，用同样的教材，写同样的考卷，在相同的基础上，评比谁的分数比较高。但是回头看看那些努力在考卷上拿高分的同学，他们的成就真的最高吗？

事实上——

你是一条鱼，就该在水中游。

你是一只猴，就该在树上爬。

你是一头牛，就该优哉吃草。

你是一只狮，就该大口吃肉。

有所成就者，通常都不是最费心在考卷上拿高分的人，而是能找到属于自己的专长及天赋所在的人，先确认自己的竞争优势及定位，再把事情做好，如此才能创造个人的最高价值。

12 学历·重要的不是学历，而是能否转化为实力

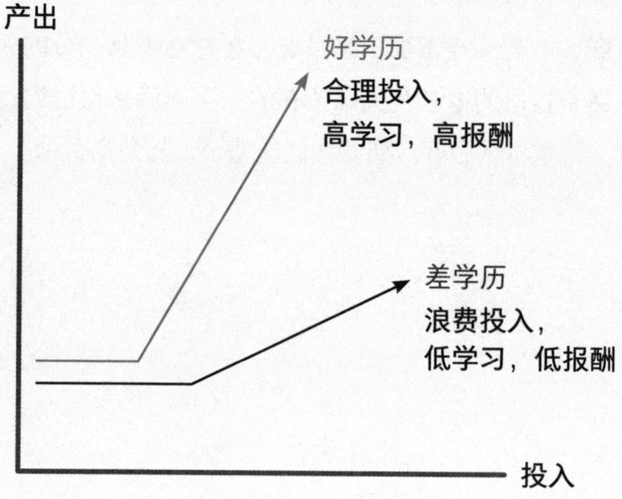

“这个社会太不公平了，学历又不等于实力！”

这是一位朋友在某次聚会中所抱怨的主题及内容。他认为自己因为学历不够好，在求职时吃了不少亏，即使好不容易找到了工作，起薪及升迁的机会也总是比他人少。

这位年轻朋友原以为这是一个学历无用的时代，而且不少成功者都不是高学历者，因此他很早就放弃“浪费”时间在求学上。然而，现实与想象永远是两回事，在既没有学历，又还没有交出任何成绩前，他看起来不太有竞争力。

一位只有初中学历、在海鲜餐厅当厨师的朋友安慰他，其实学历真的没那么重要，除非要找的工作跟学历有关。“我十几岁就去餐厅当学徒，苦干实干学得了一手好功夫，才有机会掌厨，这可跟学历一点关系都没有。”

另一位朋友也说：“讲白一点，就算念了一个博士，找不到好工作，人家也不会尊重你，说不定还觉得你适应不了社会，才躲在学校里念书。”

听起来似乎一点也没错……

但另一位朋友则认为：“学历就算不代表实力，也还是大有用处的。”并与大家分享了他的恋爱故事。

这位朋友过去一直没有交女朋友，他在外地攻读研究生时，每个月总是会搭客运汽车回老家一两次。在那小小的客运站里，有一位漂亮的售票员妈妈，两人颇投缘，总能聊上几句，但却鲜少聊到彼此的家务事。

一天，这位售票员妈妈随口问了他：“你念哪所学校呀？”

“我念××大学。”朋友回答。

这位妈妈一听，忽然当起了媒人，说：“真的？我侄女小你三岁，没有男朋友，介绍你们认识吧！”说着说着，就自顾自地把手机拿出来秀照片给他看。照片中的女孩还真是他喜欢的类型，于是这位朋友客气了一番后，还是把握机会要到了女孩的联络方式。

这个妈妈会不会太现实？听完学历才肯介绍？而且在这个时代，学历早已不是未来成就的保证。不少社会上的“问题人物”也是来自名校，好学校跟好人品根本不能画上等号吧？

但是不可否认，在还没有摸清底细之前，看似不太靠谱的学历，往往就是决定最后成功与否的关键。人品的部分得靠时间证明，学历至少能证明基本能力，而这也降低了做媒的风险。毕竟，每一个人所得到的信息跟判断力都是有限的。我们不可能上知天文、下知地理，更不可能预见未来，所以只能从现有的客观条件来判断事情。而在信息不完全透明的情况下，我们至少要选个看起来靠谱一点的条件标准吧！

取得学历的机会成本大不同

不过，这个时代的教育资源，跟家庭环境有显著的相关性。

虽然很不公平，但我们只有认清这个现实，才能重新去检视追求学历对自己到底有没有意义。由于每个人的心性及所处环境不同，要获取相同的学历，所需付出的成本可能大不相同。

家庭资源较丰富的学生，其家庭能够让他们去补习、学才艺、出国游学增广见闻，因此他们可以没有太大压力，并有更多的时间去享受学生生活。

家庭资源较匮乏的学生，他们要自己背学贷，靠半工半读来支付学费，根本没有太多的时间去单纯享受学生生活。

就算抛开家庭因素，也不是每个人都适合花太多的时间在追求学历上。有些人天生对考试、念书不得要领，既然如此，就别浪费太多的时间在这上面；反之，如果你对念书得心应手或是乐在其中，就别浪费这份热情。

这就是学历的机会成本的不同：每个人的心性及所处的环境都不同，所需付出的机会成本也大不相同，所以懂得计算投资报酬率是很重要的。

好的学习，才有机会转化为一个人的DNA

常听人说，有学历不如有能力，而且在职场上获得成功的人也不一定就拥有令人称羡的学历。这话一点也没错，然而**学历不重要，其实是当你的实力足以凌驾学历时才适用的道理**。

比尔·盖茨曾说：“虽然我从大学辍学，然后幸运地在软件行业有一番建树，但是获得学位是更可靠的成功之路。”学历是进入职场的第一张名片，也可能是第一个人脉资源库，还可能是牵红线时的一个引子，甚至有不少成功的社会人士特别喜爱聘用自己母校的学弟、学妹。

大部分人离开了学校，在校所学不是忘了，就是根本用不到。但我们接受良好的学校教育的过程，往往是建立逻辑思维的重要过程，只要认真消化吸收了，它就会成为你的DNA。每一个有能力创造价值的人，其成功或多或少都跟过去所学有关。

当然，学历不再是决定未来人生的唯一要素，除非你能念书念出心得来，否则就别浪费太多的时间去追求证书与学历。如果取得了高学历，脑袋却是空空如也，那学历就真的只是张空泛的名片，无法陪我们走太远的路。

13

经历 · 经历就是资源，回头看看曾走过的路

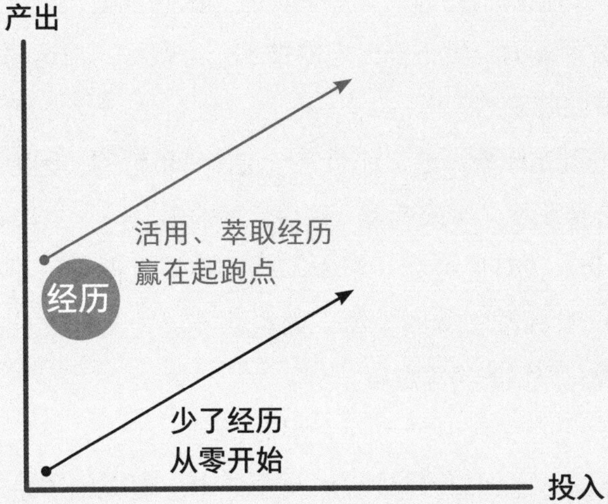

“你们记账人士整天跟税务会计为伍，一定天生就对数字很敏锐，所以才会选择这个行业吧！”

这是不少刚认识的朋友，对于我们这个行业的人的既定印象。就像人们总觉得当律师的人应该很熟悉法条且擅长辩论，当工程师的人数理能力一定很强、电脑技术一定很好，当运动员的人应该从小就四肢发达一样。

像这样的既定印象，通常还是有一定参考价值的，因为按自己的天赋去选择职业，本来就是一件很合理的事。

但事实上，我对税务会计根本不感兴趣，觉得其枯燥又乏味。且我讨厌有标准答案的学科，而税法及会计不但有标准答案，甚至还要有严谨的推算过程。

那么，我是在税务会计方面有很高学习天赋，轻轻松松就能拿高分吗？不，虽然我修过税法及会计学，但成绩不是不及格，就是老师勉为其难地让我60分低空飞过。从天赋来看，我可一点都不是干这行的料。

既然如此，为什么我还是选择了这个行业呢？

很简单，因为我有家人在从事这个行业。虽然只是自家经营的小事务所，但我从小耳濡目染，自然而然也看懂了一些，又曾经在相关部门服务过，积累了一定工作经验。选择这个行业对我而言，学习成本最少，进入门槛最低，碰到不懂的事情，还有人可以请教、讨论。要知道，绝大部分跟专业相关的工作，想要白手起家、自行摸索是相当困难的。

那为什么我选择了这个行业，但在博客中写的文章鲜少谈及税务会计，反而都是在谈商业管理呢？

因为我从本科到研究生一直都在接触的学问，就是工商管理。再加上我在工作中接触过不少有趣的故事，所以写起这些文章来题材最多，也不用再去搜集其他资料，只要将过去所学拿出来应用就好。如此一来，我付出的努力可以最少，但最后的成果却可能最好。

其实，这就是一种经历所产生的优势，无关天赋，无关兴趣，就是不要辜负曾走过的岁月而已。

经历就是一种资源

就算是同一个父母所生的、生长在同一个家庭的兄弟姐妹，领着同样多的零用钱、享有着同样的教育资源，长大后的成就可能也会差很多，最大的原因就在于成长经历不同。

有些孩子很积极，一直在寻找自己的方向，尝试不同挑战，于是就累积了不少有用的经历；有些孩子较消极，一直躲在舒适的壳里，或是乖乖走着大人安排好的路，也因此错失了不少累积有用经验的机会，最终就决定了两人不同的命运。

没有一种经历是完全无用的，一些失败的经历更可能塑造出独特的竞争力。失败的创业、坎坷的求职、凄美的恋情、破碎的友谊，面对这些失败，有人选择停留在负面情绪中，也有人将这些经历变成自己的养分，继续往前走，而能够将之打造成自己独特竞争力的，一定是后者。

有时候，经历不一定要完全靠亲身体验，不是每个人都有富爸爸能提供优越的资源去环游世界。然而，我们通过培养阅读习惯，去了解别人的故事、学习别人的思维模式，也是一种个人阅历的提升。

美国作家乔治·R·R·马丁（George ·R·R·Martin）曾说："阅读的人在临终前经历了一千个人生，而从不阅读的人却只经历了一个人生。"身处知识经济时代，阅读力及学习力也是最有效率的竞争力。

独门绝技，就是一个人经历的萃取

金庸武侠小说《神雕侠侣》的男主角杨过，有着不平凡的经历。他从小颠沛流离，却也因缘际会接触了诸多门派，结识了不少武学泰斗，最后随着时间的历练，成为名震江湖的神雕大侠。

其独门绝学，集天下武学之大成的十七招掌法——黯然销魂掌，就是萃取其一生的经历而练成的。

小说是这么形容这套武学的——黯然销魂掌的精髓包含了古墓派的《玉女心经》、全真派的内功、东邪黄药师的弹指神通及玉箫剑法、西毒欧阳锋的蛤蟆功及逆转经脉、北丐洪七公的打狗棒法、中神通王重阳遗刻上的黄裳《九阴真经》、剑魔独孤求败以玄铁重剑和木剑修行的内功心法。换言之，杨过之所以有如此高的武学成就，正是源自其一生不凡的经历。

当然，只有丰富的经历并不够，还要懂得运用，再通过实践，将这一切吸收之后，转化为属于自己的东西，最后才有机会塑造出自己的“独门绝技”。

14 强项·改善弱点，不如强化强项

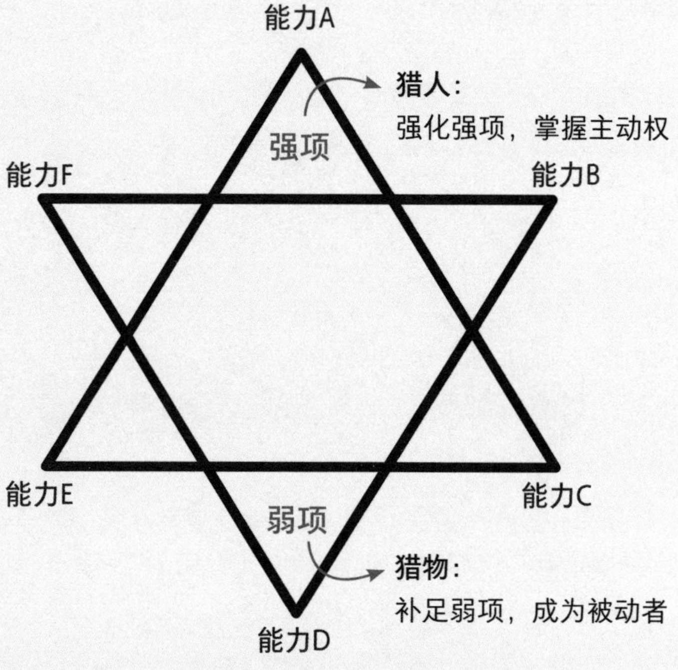

强化强项，比补足弱项更重要

在我的学生时代，高中及五专联考满分是700分，科目有语文、英文、数学、自然、社会等。在当时，如果对其中一科特别有兴趣或是有天分，但其他科目却表现平平，那么为了提高分数，我们通常不会花太多时间在有天分的科目上。

因为大考比的是各科成绩的加总，以投考策略来讲，为了拿到更高的总分，无论是学校还是补习班老师，通常会告诉我们应该从自己最弱的科目开始加强。

这是因为将一个科目的分数从90分提高到95分，不但难度极高，而且对于最后的总分帮助亦相对有限；反之，若原先只有50分的科目，就算再怎么不拿手，只要愿意投入时间，想要考到70分却是相对简单的，对最后总分的助益也更大。

所以为了拿到更高的总分，不要浪费时间在90分的科目上，而要想办法把较弱的科目补起来。

上了大学后，我们要顺利毕业，需要的也不是有几个擅长的科目，或是能否在某些科目中表现卓越，而是所有科目的成绩都能达到或超过及格分，如此才能满足毕业学分的要求。如果有科目不及格，你还得花大量时间去重修那些不擅长的科目，而不能把时间聚焦在自己擅长的领域里。

可以说，学校教育告诉我们的是，与其花时间在强化强项上，不如花时间去补足自己的弱项，这会让你在大考及毕业时更具优势。

然而吊诡的是，这些在学校勉强及格的学分，在离开学校后往往派不上用场。一门学识是一窍不通还是略懂皮毛，同样都不容易形成竞争力。我们进入社会后，真正能够有所作为的，反而是那些很早就开始强化优势及深耕专一领域的人。

猎人能力的培育

日本漫画家富坚义博的畅销作品《全职猎人》，虽然描绘的是一个虚构的世界，然而其中对于能力培养的描述却映射出真实世界的情况。

故事里将人的潜能分为强化、放射、操控、特质、变化及具体化六大类型。而一个最顶尖的猎人，通常不会平均修炼各项特质，反而是先通过某些方式，试着找出自己的天性属于何种特质，再依照自己的天性去选择努力的方向。

特质绝大多数都是与生俱来的，也可能是从过去生活的经验及磨炼中累积而成的，越是朝着接近自己性格的特质前进，就越能事半功倍，也越能快速掌握特质的精髓。反之，如果选择与自己风格不符的特质，或是进行分散特质的修炼，都难以强化个人的影响力。

刻意地去学习自己不擅长的领域，除了必须依赖大量的努力及超强的忍耐之外，最终的结果还往往不太理想，甚至可能因为修炼了不适合自己的能力，从此埋没原本具有的潜能。

别像个猎物，而要当个猎人

与其改善弱点，不如强化强项。就一项技能或特质而言，略懂皮毛跟完全不懂其实并没有什么分别。而能够有所作为者，通常都是能够在某些领域发挥才能的人。这些才能又通常源自天赋、兴趣、习惯或生活态度，也许是写作习惯，也许是外文兴趣，也许是程序设计等。

一个人的时间及精力是有限的，根本没有时间去做好所有事。从古至今还没有出现过一个人，能够把所有的学科都读到顶尖，反而那些有所作为者，都是只在自己的领域中表现卓越。

彼得·德鲁克（Peter F. Drucker）曾说：“专注于你的长处，把自己放在那些能发挥长处的地方。”瞎忙永远是最累的一种行为，既得不到成就又劳心劳力。如果我们老是在满足别人的要求，陷入别人的规则，那么就注定要成为瞎忙的人。其实大部分的事情，根本不值得我们过度投入、浪费有限的资源，要懂得割舍，才能找到对的方向。

想想，猎人跟猎物有什么差别？主动与被动？追人与被追？

事实上，猎人与猎物最大的差别，在于猎人通常都是先了解自己所拥有的资源后，主动去掌握目标及方向，再依照这个方向去强化核心能力；而猎物往往是被动地决定方向，最后反而埋没了自己的潜能。

老是在补强那些不擅长科目的人，就像个猎物，被动地满足他人的期望；总是专注在自己擅长科目的人，则更像个猎人，主动地满足自己的渴望，也更容易达成自己设定的目标。

记住，要当个猎人，不要像个猎物！

15 破绽·消弭破绽，才能走得更远

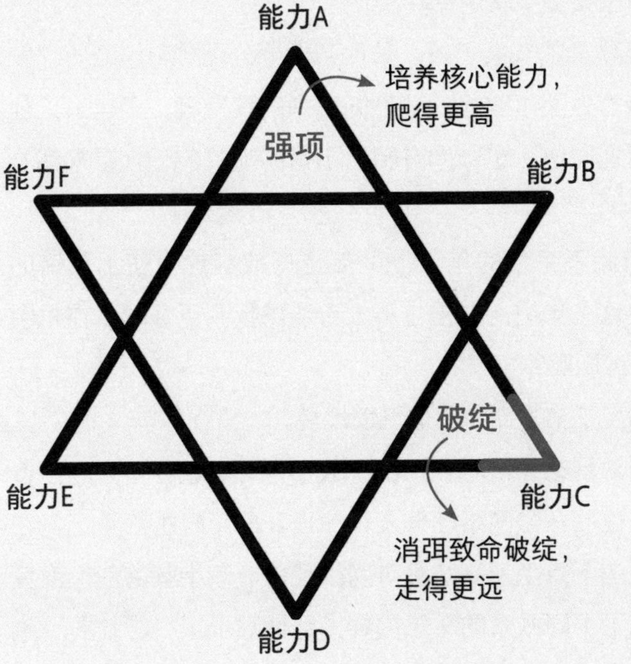

要在特定领域成就卓越，要避免有致命危险的破绽

一位在企业担任多年高阶主管的朋友，忽然辞掉了待遇优厚的工作，选择在50多岁就退休。

这位朋友除了脾气大了点，其他条件无论是学历、经历、专业知识、做事能力及年收入，都是同辈中的佼佼者。多年来，他担任公司的管理职位，也一向有相当不错的绩效，一直以来都是公司的风云人物。

在市场如此不景气的年代，他却选择放弃这份薪水不错的工作，且依他这个年纪，似乎也不太可能再找到更好的工作机会了，为什么要辞职呢？

“道不同，不相为谋！”他气愤地说。

原来，因为网络经济时代来临，公司开始调整经营方向，将资源及重要职位放在懂网络社群及程序设计的年轻主管身上。在这样的公司氛围下，坐领高薪又对网络经济一知半解的他，难免被说闲话，加上不同派系的恶意挑衅，给他贴上了“肥猫”（坐领高薪但无实质贡献的员工）的标签。

他向来好面子，岂能接受这种污辱，于是一气之下，他除了霸气回应这些挑衅者，更向老板提交辞呈，一来维护自己的尊严，二来也希望老板能给他面子开口挽留。

岂料，他的如意算盘并没有实现，老板竟然顺水推舟批准了他的辞呈，在骑虎难下的情况下，他就这样离开了自己的工作岗位。

一直到现在，这位长辈朋友仍然没找到其他合适的工作，最终好不容易通过朋友介绍，担任了某社区管理员一职。除了薪水不能与之前相比外，也因为过去总是在亲朋好友面前意气风发，导致现在反而不适应与旧友为伍，而当年的那些风光事迹，如今似乎也不值一提了。

他的遭遇，让我想起了过去玩过的策略游戏“三国志”系列中的吕布。

从“三国志”系列游戏中看懂破绽

“三国志”系列游戏是不少“70后”“80后”都玩过的电脑游戏，以三国时代的历史背景为主轴，从1985年推出至今已经发行了13代。游戏中，三国武将才能的优劣取决于设定好的各项素质，如武力、智力、魅力等多项能力。

在《三国演义》中被神化的诸葛亮，一向都是此系列游戏中的智力最高者，这让他在游戏中能够呼风唤雨，一统天下。

而有“人中吕布，马中赤兔”之称的吕布，则向来是此系列游戏中的武力最高者。有趣的是，如果你想要一统天下，用吕布却很难做到，这是为什么呢？

因为即使吕布拥有游戏中的最高武力，然而他的智力却低得可怜。只要对手阵营有个还不错的军师，最后吕布不是身陷算计，就是因为频频被挑衅而失去主控权，最终在战场上的影响力大打折扣，再加上其偏低的魅力值，让他不容易广纳天下贤才来助阵。

而在三国的东吴阵营中，有一位文武双全的周瑜，可说是东吴阵营里的第一把交椅，主导了整个赤壁之战的战局。虽然其各项数值的表现都极为杰出，看似没有什么破绽，但因为周瑜在史实中早逝，所以不少游戏也加入了这项设定，使得游戏中周瑜的健康经常“亮红灯”。这也让原本杰出的他常处于没办法发挥全力的状态，这也成了另一种破绽。

消弭破绽，让你走得更远

与其各项数值平均，不如有一项数值出众，这会让你更容易被看见，得以发挥所长。无论在游戏世界里还是真实世界中，能够受到注目的人，都是像诸葛亮、周瑜或吕布这样在某些领域出类拔萃的人。换到职场上，他们的特质也许是见识不凡，也许是执行力过人，又或者是谈吐出众。

然而，即使在某领域表现得再卓越，如果在其他领域中存有致命破绽，最终还是容易失败。这个破绽也许是易受挑衅，也许是自视过高、太爱面子，也许是常常意气用事，也许是健康状态不佳，又或许是有着容易误事的一些坏习惯，像是有人酗酒，有人好赌。坏习惯不用多，只要有一个就够受的了。如此即使是拥有天下无双之勇的吕布，也容易因逞一时之快而做出错误的选择，最后自毁前程。

古语云：“千里之堤，溃于蚁穴。”想出人头地，我们得在某些领域表现卓越，但更重要的是，要避免在其他方面存有致命的破绽。

培养自己的核心能力，能让我们爬得更高；消弭自己的致命破绽，能让我们走得更远。

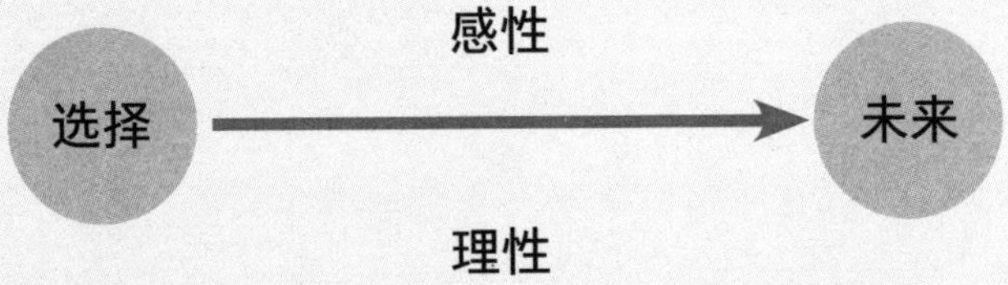

决定未来走向，需通过感性及理性的相互选择

从小我就是个不爱读教科书，也读不好教科书的学生。

我初中念的是放牛班，第一次高中联考放榜时，连一所像样的学校都考不上，于是进了复读班去补习重考。那一年，每天就是看书、小考、看书、小考……这样的生活，却让我对念书、考试更不感兴趣。

好不容易熬过这一年的重考岁月，考上了专科学校，我却还是一样不爱念书。我在专二下学期失去了二分之一的学分，专三下学期又失去了二分之一的学分。当时学校的毕业学分是220个学分，我却只有80个学分，成绩在班上垫底，理所当然地延期毕业了。我在五专（五年制专科）念了整整六年还拿不到毕业证书，最终只拿了个肄业证书。如果学生的本分是看书，那我还真是个不折不扣的“鲁蛇”（loser）。

我的表现有多糟糕？当时学校的班导师打电话到家里，语重心长地对我父母说：“你家小孩再这样下去，未来会变成社会的‘问题青年’。”

那时，我才开始有了危机意识。都已经20岁了，在学校混那么多年都毕不了业，未来我能干什么？

于是就在延期毕业那年，我第一次主动而有计划地准备二技（二年制技术学院）考试。由于二技的共同考科是会计及经济，因此有九成的学生都是准备这两科，如果用这两科去考，比的就是谁比较用功了。

那时我去打听补习班其他同学的看书时间，竟然是每天8小时起步，而我往往不到两小时就走神了。我很有自知之明，看书及用功，绝非我所长，于是我花了很多的时间及精力去研究每一所学校的考科及录取率，并决定把重心放在鲜少有人准备的管理学上，直接考大三转学考试。虽然我仍不算用功，但因为投考策略的成功，最后还是考上了理想大学的企业管理系。

上大学后，考试变少了，取而代之的是更多写报告的机会。写报告不同于考试，没有标准答案，对于不喜欢死记硬背的我来说轻松有趣多了。也因为跳脱过去被动读书的环境，反而让我对学习知识开始有了兴趣，又继续报考研究所。

准备研究所考试时，我又故技重施，花了很多的时间及精力去研究每一所学校、每一个科系和每一个考组，盘算怎么考最有胜算。选定之后，我再想办法找到考过的真题，以及出题老师的著作，仅认真地准备了一个星期，考出来的分数虽然不是很高，但我仍名列该组的榜首。

升学的路上，如果你不是寒窗苦读的料，那么选择有时就比勤奋更重要。

三分天注定，七分靠打拼？

“三分天注定，七分靠打拼，爱拼才会赢”——创作往往能反映时代背景，这几句歌词可以说是四年级、五年级学生的最佳写照。

一位在20世纪80年代就开工厂的“60后”老板，跟我分享了几个故事。当年工厂的年营业额有好几千万元，而曾在那里工作过的员工，只要肯拼又肯学，通常在累积了几年的经验后，都能在老板的支持下自立门户，成为另一家公司的老板。

像这样的故事，在当年餐饮、美发、修车厂等各行各业都是存在的。换言之，那是一个只要肯学肯拼，每个人都有机会成为董事长的年代。即使你不选择创业，也可以靠着用功念书，进入好公司、考上公务员，拥有不错的薪水保障。

可问题是，这样的价值观却不一定适用于现在的年轻人。因为，如今已不是越努力就一定越成功的年代了。

你寒窗苦读十年，考上了理想的大学，也不能保证进入社会后会得到满意的薪水。就算努力加班，你的薪水可能也只多那么一点。在这个时代，若你盲目努力，投资回报率实在太低了。

选择，比勤奋更重要

情场，选对人就是天作之合。

职场，选对活就是如鱼得水。

商场，选对路就是乘风破浪。

有趣的是，人们总是在为选择后悔。

“如果当初……我现在就……”

可惜的是，当你开始想“如果”的时候，就已经来不及了。

幸好，大部分的时候选择权都掌握在我们自己手上。

上网，要八卦追星猎奇，还是积累知识？

朋友，要结伴吃喝玩乐，还是一起成长？

金钱，要用于奢侈享受，还是投资自身？

一个人的选择习惯，往往就决定了他未来的走向。

比尔·盖茨曾说："人生的选择决定一切。"其实指的就是选择的智慧，因为**很多时候，选择比勤奋更重要！**

PART 3

懒人职场学

弄对角色，少浪费力气

向牛顿、达尔文取经，培养点、线、面思考能力及猪、狗、猫思维，弄懂职场中的每个角色，少说“干话”，不擅自越权，从中找到利他又利己的平衡点，不必多花力气就能当个职场收获者。

17 跟牛顿学职场惯性、加速度及反作用力

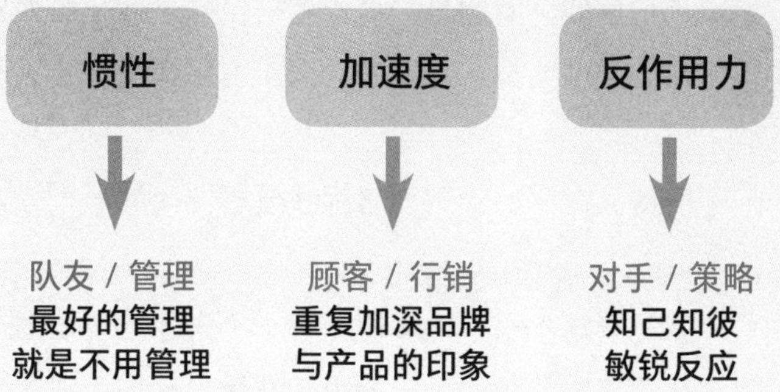

前阵子有位老板拿了一本管理类的书籍来跟我分享，内容谈的是担责。

这位老板说："我觉得这本书说得很有道理，我们公司的员工就是太被动，不能主动扛起责任。我应该从明天开始，就要求每一个人都要学会担责！"

没错，担责是很重要。问题是，这位老板自己是标准的大权一把抓、事必躬亲的类型，员工想要多一点自主权都没机会，还要担什么责？

过了一阵子，他又拿了另一本书来跟我分享，谈的是人才该有的价值。

老板说："我觉得这本书说得真好，每一个人才都应该创造他薪水数倍的营业额才对。我们公司的员工好像没有这个观念，我应该从明天起，开始运用这套审核系统，要求每个员工自己去创造营业额。"

员工要有产值也没错，问题是，这家公司是传统制造业公司，员工根本没有可以发挥创意的地方，要怎么衡量产值？

其实这位老板颇为好学，也很愿意去接受新知识，但一发现好的管理理论，就立马想要用在自己的公司里，完全不考虑适合与否。可怕的是，这些老板"一头热"的行为，有时候反而会浇熄员工的工作热情。

在职场里，最容易让员工无所适从的行为，正是朝令夕改！

不少中小企业的老板及主管，都有一些类似的“坏习惯”。

有人习惯在组织的管理上，仰赖自己当下的直觉及感觉来下指令，该管的时候不管，不该管的时候又管太多，自己制订的规矩自己破坏，让组织成员无所适从。

有人习惯在目标顾客的营销上，追求多多益善，认为提供给顾客越多的选择及资讯越好，最后反而让顾客看不见商品的卖点。

有人习惯在对竞争对手的策略上，过度依赖自己的经验，在会议室内纸上谈兵，结果根本没有搞清楚竞争对手的虚实。

之所以如此，都是因为搞错了合适的“运动定律”。

牛顿的运动定律——队友管理、顾客行销、对手策略

何谓运动定律？万有引力的阐述者牛顿，将物理学的运动定律分为三种，分别是惯性、加速度及反作用力。

这些观念也可以运用于职场上。在职场上要面对的角色可概分为队友、顾客及对手，所对应的企业功能可概分为管理、营销及策略。

在队友的管理上，要讲求“惯性”。

企业一定要有一套稳定且能有所依循的运转模式，即标准作业程序（Standard Operation Procedure，SOP）。有人说，

最好的管理就是不用管理，让组织成员都能清楚地知道阶段性目标，以及每一个人的定位，只有碰上特殊情况，才做额外调整。即使是追求创新、创意的企业，也一定有自己的惯性文化。

在顾客的营销上，要讲求“加速度”。

做好目标市场的细分、选择及定位后，朝明确的同一方向前进（STP营销策略）。营销就像歌手打歌一样，在决定了主打歌之后，要不停重复唱着同样的旋律。也就是说，在确认定位之后，就要加速向目标市场前进。

在对对手的策略上，要讲求“反作用力”。

对市场及竞争对手要有敏锐的反应力，随时掌握大环境的变动、自身的优劣势及面临的机会与威胁（Strengths、Weaknesses、Opportunities、Threats，SWOT）。策略上最常犯的错误，就是误以为策略分析是静态的填充题，但事实上市场及竞争者是不可控的大变数。因此，好的策略必须建立在知己知彼的动态基础上。

找出合适的职场“运动定律”

牛顿曾说：“我能计算天体运行的轨道，却无法计算人性的疯狂。”

只要是人，就容易受到自己感觉、直觉及习惯的影响，如此一来，脑袋就不容易快速地运转。无论管理、营销还是策略，都必须凭借人的脑袋来做决定，但当人们总是依自己的喜好、感觉及直觉来判断时，就容易搞错合适的“运动定律”。

当然，这些“运动定律”的适用并非绝对，有时候在管理上也需要些反作用力，在营销上也需要些惯性，而在对对手的策略拟定上也需要些加速度。不同的情境，应有不同的选择，这就要看你当下的判断。

想把事情做好，就要先弄懂合适的“运动定律”。

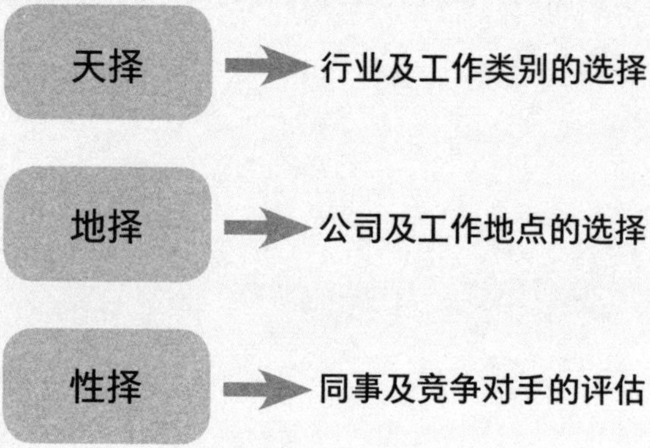
天择
行业及工作类别的选择
地择
公司及工作地点的选择
性择
同事及竞争对手的评估

漫画出租店是不少人学生时代相当重要的回忆，在那里，只要花很少的钱就可以看到天马行空、充满想象力的漫画作品。为了省点儿钱，班上同学还会将租来的漫画偷偷带到学校，彼此之间交流分享。

那时候，学校旁漫画出租店林立，每次去光顾，店内都坐了不少追漫画进度的人。店家不仅要有舒适的沙发，可能还要提供一些小点心及无限畅饮的饮料。

然而十几年过去了，随着时代的发展，现在漫画出租店的光景已经大不如前了。

“唉，虽然还是有些老客人捧场，但在这个网络时代，漫画出租店真的没有生意，要歇业了。”

一位经营了十几年租书店的老板，虽然过去把店面经营得有声有色，但在时代变迁的背景下，还是决定吹熄灯号，结束租书店的生意。

其实在十多年前，光这条街就有三家租书店，每一家的生意都还不错，但坚持到现在的只有这家店。因为这家店在三角窗的位置，准备的饮料、点心特别可口，沙发又舒适，新书的进货量也从来不会少，可以说是这一带的人光顾最多的租书店。

在网络尚未普及的年代，租小说及漫画是不少人的重要娱乐活动。然而，随着网络信息唾手可得，才几年的光阴，现在想找到怀旧的小说及漫画出租店就已经不太容易了。

关于这一点，我们曾在课本上读过的达尔文进化论，其实就能用来解释这种产业竞争及变迁的现象。

“天择”“地择”“性择”

进化论以“天择论”及“地择论”为基础，之后又加入了“性择论”。

“天择”旨在说明在自然的演化中，某物种对于当时环境的适应力具有的某些优势或劣势，最终决定了其是生存还是被淘汰。

“地择”旨在说明随着地理环境的区隔，即使本来是相同的物种，但在遭受不同的冲击后，最终可能演化成特征完全不同的物种。

“性择”旨在说明同一物种为了竞争食物及交配机会，会不断地强化自己，最后同物种中最强的那个会生存下来。

就这家店而言，因为拥有最舒适的环境、最美味的点心及饮料、最多可租阅的新书，加上合理的定价，是当时所有租书店中最具竞争力的一家。其实力足以打败其他租书店，这就是一种“性择”的概念。

当时虽然三家店都位于同一条街上，但唯有这家店在三角窗的位置，店面显眼，采光又明亮，因此也占了地利之便，就算是第一次来租书的人也一定会先看到他这家店。这是凭借地理位置所塑造的优势，也就是“地择”的概念。

正因为老板经营有道又占了地利之便，在“性择”及“地择”中取得了优势，所以该店也成了这条街硕果仅存的一家店。然而，就算老板经营得再好，仍然敌不过大环境的变迁，被网络的蓬勃发展所淘汰，这就是“天择”的概念。

适者比强者更容易生存

“男怕入错行，女怕嫁错郎”，这句话说明了选择及评估优势、劣势的重要性。事实上，每一个人的求职或创业，也同样会面对类似的评估。

行业及工作类别的选择是一种“天择”，选对行业有时候比努力重要。科技会进步，产业会变迁，如果待在夕阳行业里，不管再怎么努力，也不可能凭借着一人之力扭转大环境，唯有顺势而行，才是聪明的做法。

公司及工作地点的选择是一种“地择”，选对地方有时候比能力重要。同样的一个年轻人，把他丢进学校里读书，跟丢进市场里卖菜，一年后两种情况下的年轻人的气质及行为会完全不同。不一定哪种好哪种坏，但读书的年轻人会多一些文青味，卖菜的会多一些干练感。

同事及竞争对手的评估是一种“性择”，选对对手有时候比运气重要。一个孩子的运动能力不错，运动会时都是班上的代表选手之一，所以他就应该成为运动员吗？不，除非他的运动能力足以达到职业等级，不然在换了一批对手之后，他面临的可能只会是挫折及失败。

达尔文曾说：“能够生存下来的物种，并不是那些最强壮的，也不是那些最聪明的，而是那些对变化做出快速反应的。”恐龙与蟑螂曾经在远古时代并存，恐龙很强大，蟑螂很弱小，但随着演化生存下来的，却不是强大的恐龙，而是有着“打不死”之称的蟑螂。

想要在职场上站稳脚步，就要先明白“适者比强者更容易生存”的道理。

19 『点、线、面』思考，决定你的价值

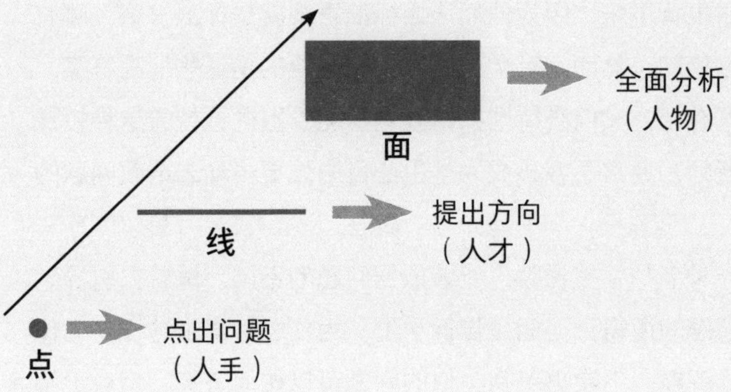

点、线、面思考架构

想想小时候在学校里，对学生来说，什么样的老师教学效果较佳、互动较好，让学生在课堂上会想举手发问，下课时还会想凑上前去请教问题?

有一种老师在授课时，只懂得把课本的标准答案直接丢给学生，要学生背下来，因为他们认为标准答案就是标准答案，哪有什么好讨论的。然而，对学生而言，如果要的是这些标准答案，翻课本就有了，又何必特地去请教老师呢?因此抱持着这种授课心态的老师，通常不容易成为学生心目中想要主动去请教问题的老师。

另一种老师在授课时，能够依据问题的不同，试着去引导学生找到解题的逻辑。他们会告诉学生，为什么答案是这样、为什么要这样解题，下次再遇到类似的问题可以如何去解。相对于第一种类型的老师，这已经算是相当称职的好老师了，也是学生比较愿意去请教的老师类型。

而在职场上也有着类似的情况，想要在工作上有所作为，脑力活往往比体力活更重要。换句话说，学会独立思考，而不是被动接受死板的信息，是一件相当重要的事情。

一个人独立思考能力的高低，其实有的时候就取决于他面对一个问题时回答得好坏。

有些人总能吸引他人主动向他们请教问题，反之，有些人的回答不是言不及义、抓不住重点，就是没有任何自己的观点。其实，一个人是不是人才，从回答问题的习惯就可略知一二。

从回答问题的习惯，看出你是不是个人才

有一家年轻企业由制造业转型，推出自己的品牌，因为其优良的制造品质，渐渐赢得好口碑，开始受邀进驻知名的百货商场。因为该企业是第一次踏入百货业，入驻柜位的时间并不长，所以很积极地收集柜位同行在向客人销售时所遇见的问题，及反馈信息的方式，希望能作为公司未来柜位发展的参考。

有趣的是，从柜位同行回馈信息的方式，就能大致判断出这些同行回馈的好消息的价值的高低，也可概略看出他们是打工的人手，是有价值的人才，还是有观点的人物。

第一种人可能会这么说："这产品卖不动，客人似乎不喜欢。"

他们可以点出问题，将看见的问题反馈给公司，但对于问题出在哪儿，以及什么地方需要修正，却提不出方向来。因为他们认为公司的进步跟自己没有太大的关系，而有这种思考习惯的人，通常只会被视为组织中的人手。

第二种人可能会说："这产品卖不动，因为设计感不够，建议添加一些流行元素。"

他们可以看见问题所在，并针对问题，依据自己所拥有的信息提出建议，作为组织未来调整的参考意见。有这种回答问题的

习惯的人，通常具有一定的价值，可被视为组织中的人才。

第三种人可能会说：“这产品卖不动，因为本区柜位的客人重设计，建议提升设计感。另外就现有产品而言，可跟楼管争取将柜位转到B1，B1的客群更适合现有的产品线。或者，也可以就现有位置搭配楼层做促销活动。”

他们能够搜集不少信息，做一个比较全面的优势、劣势分析，并提供数个建议选项。有这种回答问题的习惯的人，很有机会成为组织中的中心人物，也很适合自己创业当老板。

活用“点、线、面”的思考架构

一个人说话的价值，往往取决于思考架构的完整度。只能点出问题者，就比不上能够给出方向者，而提出方向者，又比不上能够全面分析问题、提出通盘建议者。

这就像是几何学中的“点、线、面”概念，点构成线，线构成面。同样的问题，有人只看到一个点，有人能看见一条线，有人则能分析整个面。把问题看得越透彻的人，所提出的架构就越完整。能否把问题看透也决定了一个人说话是否有影响力，是否有价值。

“人手”通常只会点出问题——“产品不太卖得出去”，这是“点”的概念。

“人才”通常能够提出方向——“建议提升设计感”，这是“线”的概念。

“人物”通常能够全面分析——“柜位优势、劣势不同”，这是“面”的概念。

是“人手”“人才”还是“人物”？往往就取决于“点、线、面”的思考架构，依据其究竟能为组织带来多大的价值而定。

20 善用『猪、狗、猫』人才，事半而功倍

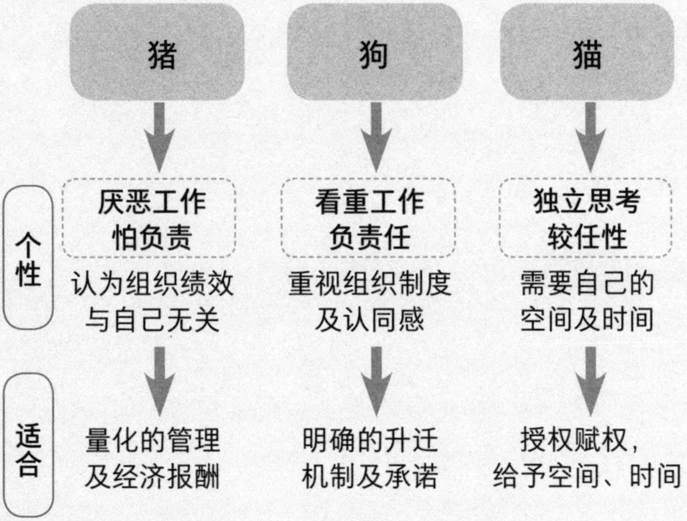

俗话说：“猪来穷，狗来富，猫来起大厝。”这句话的意思是一个家如果有猪找上门的话，这个家可能走向贫穷；如果来的是狗，则狗能为这个家庭带来富裕；如果来的是猫，这个家则能得到足以兴建大宅的财富。

猪、狗、猫都具有鲜明的特质及个性：猪好吃懒做可被圈养，狗忠心尽责可被牵养，猫独立机警不可受限。事实上，多数组织中的人力资源，具有类似的特征及分类。

猪是人手、狗是人才、猫是人物

“猪”好吃又有惰性，这种类型的人通常是组织中的“人手”：他们厌恶工作、怕负责任，尽可能逃避麻烦的任务；他们追求钱多、事少、离家近，希望能够在最少的投入下获得较高的报酬，只要能够偷懒就不会勤奋，只要有钱更多、事更少的工作机会出现，就会毫不犹豫地选择跳槽；他们通常不太关心组织的绩效及未来，认为这跟自己没有关系。

“工作是不得已的，我工作只是为了有钱可以花。”

“麻烦的工作，最好不要找上我。”

“工作最好能够钱多、事少、离家近，内容有没有挑战性不重要。”

“我只是一个员工，所以公司的绩效如何，跟我其实没有什么关系。”

在管理上，由于这类人并不会主动贡献，所以采用经济报酬的方式来激励他们会比较有效，但也需要在一定的制度下派人管理。此外，由于其计较报酬的特质，较适合用明确的计时计酬方式雇用，让他们的实质贡献能够被量化，避免产生人力资源的浪费。

“狗”忠心而尽责，通常可被视为组织中的“人才”，他们看重自己的工作并尊重组织制度，严守本分且对组织有较高的向心力，对所属任务亦较具责任感。他们并不讨厌工作，如果能够提供适合的环境及机会，他们是可以发挥所长的。这种人通常有着稳定性高、流动率低的特质，尽忠职守，并追求组织认同。

“工作是有意义的，但要有合理的薪水及福利。”

“麻烦的工作，只要是合理的，我就愿意帮忙。”

“工作最好能够发挥自己所长，组织制度最好能清楚分明。”

“我是公司的一分子，公司的兴衰跟我息息相关。”

安全感及信任感是他们所重视的元素，只要组织能够真心相待、提供合理的薪水福利，并给予明确的升迁机制及承诺，将工作塑造得更有意义及挑战性，让制度公开透明、有愿景，拥有此项特质的人会愿意为组织付出，成为组织中重要的人才。

“猫”独立且机警，可被视为组织中的“人物”。他们通常具有独立思考的能力，需要自己的空间及时间，需要自己的目标及成就，惯于跳脱工作框架、渴望自我实现。有人说猫不会忘记给自己食物以及帮自己清猫砂的人的恩惠，如果懂得爱猫，往往能够有相当优异的绩效回报。反之，猫也很会记仇，一旦得罪他们将后患无穷。

“工作是一种自我实现，薪水及待遇只是基本的。”

“麻烦的工作，如果没有意义或挑战性，最好不要找我。”

“工作最好能够有发挥创意的地方，组织最好多一些弹性。”

“每一个人都是独立的，但只要公司有舞台，我愿意在这里发挥。”

“猫型”员工适合授权、赋权，给予空间和时间。只要有独立发挥的舞台，他们往往可以为组织带来意想不到的创造力，具有成为组织头号人物的潜质，但如果使用不当，就会变成组织的头痛人物。

“猪来穷，狗来富，猫来起大厝”

“猪来穷，狗来富，猫来起大厝。”同样的道理也可套用在组织当中，**如果组织中多数是“猪型”人手，组织所有的精力都将用来盯梢，最终走向贫穷。如果组织中多数是“狗型”人才，那么组织只要健全制度，就可稳步成长并走向富裕。如果组织中多数是“猫型”人物，那么只要有表现的舞台，这个组织将充满创造力。**

事实上，每个人都同时具有这三种动物本能，只是在比例上有所不同罢了。“猪”并不一定永远都是“猪”，“狗”如果在一个制度不健全的公司就可能当不成“狗”，而如果是一个坐领高薪但无实质贡献的“肥猫”，那简直是“猪”“狗”不如，可能阻碍整个组织的成长。

身为一个求职者，一定要让自己像个“阿猫”“阿狗”，那会让你更加抢手且充满魅力。而身为一个经理人，除了要避免采用过多的“猪型”人手外，更应该健全组织制度并创造舞台，让“狗型”人才为你打根基、“猫型”人物为你打天下。

21 要当个收获者、旁观者，还是找碴者？

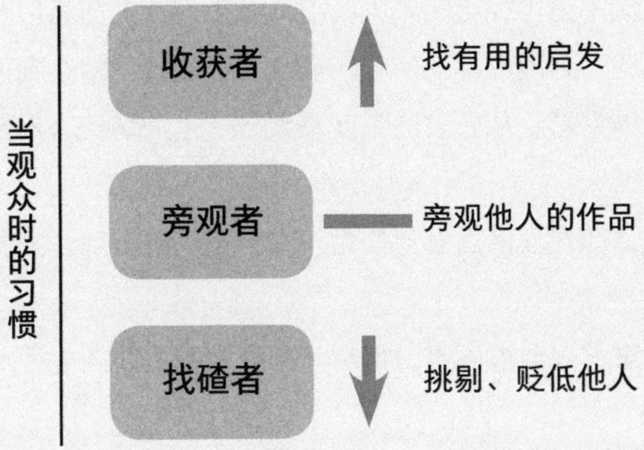

在一场晚会活动中，主办单位邀请了几位魔术师来进行表演，希望能够活跃气氛。这场魔术秀内容颇为多元，从扑克牌、近距离魔术，到台上的大型道具魔术，所有魔术都成功而完整地上演，并顺利带动了全场观众参与的气氛。

魔术师虽然不是电视上的名人，但从魔术设计的巧思创意、节奏气氛的掌握，到现场互动的临场反应，都表现得相当到位，也成功博得了满堂彩。从表演的角度来看，这是一场相当不错的演出。

有趣的是，即使表演后掌声如雷，在台下仍能听到各式各样的声音。

“刚刚的魔术表演很不错，但有几套魔术我之前在电视上看过。”

“我跟你们讲，这魔术都是假的，网络上早就有人破解了，根本没什么稀奇。”

“这魔术师的表演很不错，等会我想去交换个名片，说不定跟我们公司有合作的机会。”

“刚刚扑克牌魔术的创意真棒，带给我一些启发，可以运用在我的文案上。”

“简直是垃圾表演，如果有那些道具，我也可以变魔术。”

“魔术师的台风很不错，如果是我来，又该如何表现呢？”

“那个魔术师长得真丑，想要在舞台上表演，还是要长得好看点儿。”

这是不少人看完魔术表演后可能有的评语及心得。同样的一场魔术表演，有人看见的是优点，有人急着找缺点来贬低，有人默默地欣赏这场秀，有人懂得从中找到有用的创意启发，有人想到未来合作的可能性，有人急着想卖弄自己的见识来找碴。

魔术并不是魔法，看表演享受的是当下的惊奇及感动，欣赏的是魔术师的创意及舞台魅力。而看完同样的一场表演，观众吐露出的意见迥异，却也反映出每一个观众看待事情的不同态度。

你是收获者、旁观者，还是找碴者？

其实，从一个人当观众时的态度，就可以大概得知他是什么样的人，值不值得去合作。简单来说，可以将之区分为收获者、旁观者及找碴者。

一、收获者

这类人愿意去欣赏他人的优点，并从中找到对自己有用的启发，以及思考未来合作的可能性。当然，也有他们认为不够好的东西，但即便如此，他们通常也不会浪费太多时间去批评，而是将时间用在思考下一个具有启发性的事物上。所有能创造价值的人，几乎都具有这样的特质。

二、旁观者

这类人会礼貌地欣赏他人的作品，偶尔也会适当地讨论，但

通常不会主动寻找有用的资讯，也不会过度批评，多抱持着看戏及旁观者的态度。较可惜的是，如果大部分的时间你都只以旁观者自居，将会错过不少机遇，不容易有开创新局的机会。

三、找碴者

这类人通常只会看见他人的缺点，用力去挑剔、贬低他人，喜欢用“废”“差”“逊”等负面字眼来评价别人，即使自己根本没做出什么成绩，但只要一有机会就会卖弄一下见识。因为用嘴批评、嫌弃，是最不需要实力及努力的行为，所以这类人通常缺乏实际建树，只能在台下酸言酸语地找碴。

选择激荡想法，还是酸言酸语？

霍华·舒兹（Howard Schultz）原本是位销售员，某天公司订单上一个特别的数字吸引了他的注意——一家位于西雅图的咖啡厅，一次性订购了大量的咖啡壶，数量甚至比大型百货商店还多。霍华·舒兹被挑起了好奇心，千里迢迢来到西雅图探寻这家咖啡厅。

当他第一次踏入这家位于西雅图的咖啡厅时，立刻被里面的装潢、气氛、味道所吸引，而其他的客人看起来也完全沉浸在这家店所营造的舒适氛围里。

霍华·舒兹没有花任何时间及精力去眼红别人的成功，而是立刻辞掉原本的高薪工作，来到这家咖啡厅工作取经。他努力地在这家咖啡厅学习，接受老板的指导，最后更筹措百万美元买下了这家咖啡厅——这家咖啡厅就是如今的星巴克。

想要有所作为，必须先懂得从他人的作品里找到自己可学习、可利用的部分。一个人如果只懂得从他人的作品里找碴、找缺点、找可以说酸言酸语的地方，那他永远都不可能进步，而有这种习惯的人，也是最不能合作的对象。

美国前第一夫人安娜·埃莉诺·罗斯福（Anna Eleanor Roosevelt）曾说，心胸远大者激荡想法，资质平庸者讨论事情，心胸狭窄者道人是非。一个人的格局有多大，有时候，从他当观众时的表现就可见一斑。

收获者看门道，旁观者看戏，找碴者看衰——你是哪一种呢？

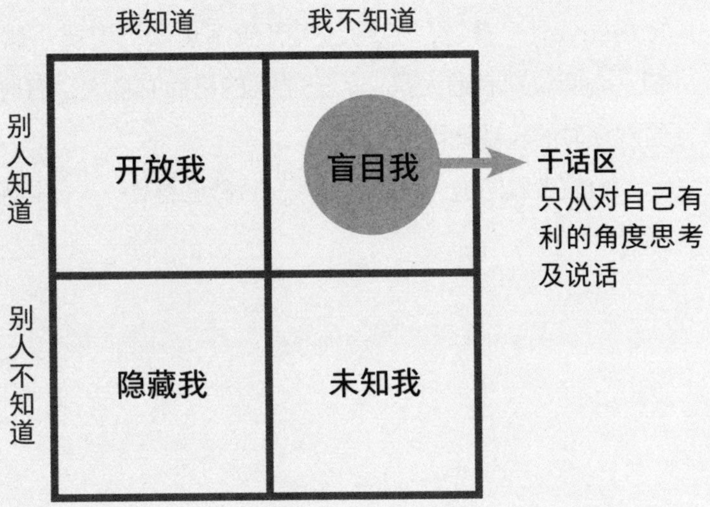

参考资料：乔哈里视窗（Johari Window）

人为什么会讲“干话”？“干话”又是什么？

之前听过一则笑话，大致的内容如下——

资方说：“经济不景气，但公司爱惜员工不想裁员，所以大家共克时艰，一起降薪，干不干（gàn）？”

劳方愤怒地拍桌说：“干（gān）！”

为什么干（gān）？因为资方讲的这个就叫“干话”。

从资方的角度来看，为了公司长期的盈利，势必得开源节流做些改变，但又爱惜老员工，舍不得剥夺他们的工作权，因此降薪可说是一个两全其美、爱公司又爱员工的好表现，不是吗？

是这样吗？从劳方的角度来看，这个逻辑正确吗？事实上，用这种本位思考的模式，说出来的话最容易变成“干话”。

什么是“干话”？直白来说，就是说话的人只从对自己有利的角度思考，对于自己说出口的话感觉良好，但听话的那个人却只觉得很“干”。

讲“干话”不分身份

不少上位者明明能力不差，阅历也多，为什么还老是讲“干话”？其中为人所熟知的就是古代晋惠帝的故事。他在天下闹饥荒、老百姓没有食物可吃时反问：“何不食肉糜？”完全不知人间疾苦，无疑是历史课本上的“干话王”。

事实上，一个人所处的位置越高，能够听到的真心话反而越少，他几乎得不到太多没有经过修饰的信息，而最后留在身边的，都是那些看似帮忙打气取暖、实则过滤信息的朋友。久而久之，他的价值观也就越来越狭隘，说出的话也就越来越像“干话”了。

然而，只有上位者会讲“干话”吗？那可不一定。

我曾见过一位年轻朋友，家境一般，但工作态度却总是有一搭没一搭、爱做不做的，领的也就是打工的薪水，从来就不是家人眼中的人才。但因为是家中的独子还算受宠，有一次家里的一份投资型保单到期，拿回了一笔钱，父母就把钱交给他，希望他能有些积蓄并开始学着理财。结果，他拿到这笔钱做的第一件事就是立刻贷款买了一辆拉风的二手车，还在社交网络上好好炫耀了一番。这样的行为让父母无奈，让亲戚说闲话，连他的社交网络好友都批评他了。

面对他人的批评，他是怎么想的呢？

他在社交网络上用大大的字、很帅气地写了一段话：“很多人都只会嫉妒别人拥有的，却看不见别人成功背后的努力。”

众人看了都是满脸的问号。买这辆车他到底努力了什么？看车？办手续？还是跟父母撒娇？原来，他认为自己很成功。原来，讲“干话”不分年纪、不分身份，只要有心，人人都能讲“干话”。

人为什么会讲“干话”？

美国心理学家乔瑟夫·卢夫特（Joseph Luft）及哈里·英汉姆（Harry Ingham）曾提出名为乔哈里视窗（Johari Window）的思维理论。你可以想象自己是一扇窗，再将窗户分成四个窗格，分别为——

“开放我”：我知道、别人知道的部分，例如自己表现在外的行为、态度等。

“盲目我”：我不知道、别人知道的部分，例如人的盲点及自以为是的部分等。

“隐藏我”：我知道、别人不知道的部分，例如自己不为人知的秘密或过去等。

“未知我”：我不知道、别人不知道的部分，例如个人未曾发现的潜能、潜意识等。

每一个人都有这四个窗格，只是组成结构不尽相同，而当一个人老是在“盲目我”的窗格中大放厥词，说一些只存在于自己世界的价值观时，他就容易变成“干话王”。

无论是在家庭、学校或是在职场里，只要是群体的一部分，就一定需要与人互动，此时良好的沟通就很重要。而你只有掌握正确的信息，才不会成为他人眼中的“干话王”。正所谓“知彼知己，百战不殆”，因此，减少盲点、误区，是每个人都必须面对的课题。

那么，如果遇到了“干话王”，应该试着跟他们沟通，让他们了解自己的盲点吗？可怕的是，当一个人开始说“干话”时，通常也代表着他们在“盲目我”的某些认知里已经病入膏肓。所以你最好别太乐观地以为说“干话”的人容易“医治”，只要学会彼此尊重，保持距离足矣。

美国广告大师李奥·贝纳（Leo Burnett）曾说：“自以为是，会让我们在前进时栽跟头。”这句话一点也没错，有不少人因为讲“干话”而付出了代价。讲“干话”看起来似乎无伤大雅，但却会让你在不知不觉中得罪不少人，还会被贴上“活在自己的世界里”的标签。

你有信心绝对不会讲“干话”吗？千万小心，其实讲“干话”远比我们想象的要容易，只是我们还不够强大，别人不想理我们的“干话”罢了。

23 把握权力范围，才能避免越权

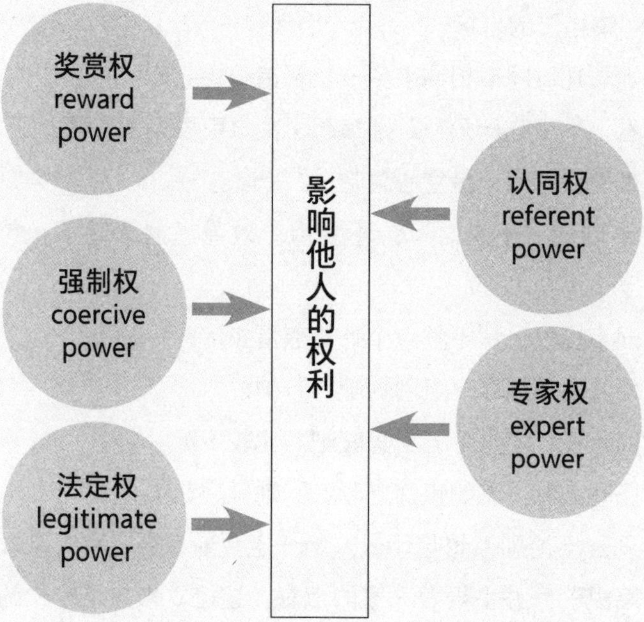

参考资料：弗伦奇（French）和雷文（Raven）的《社会权力的基础》

公司中有位资深女同事对于“指导”大家如何做事乐此不疲，从文件的建档方式、茶水间的摆设位置到聚餐时的点餐内容，都是她“染指”的目标。

一天，她与几位同事相约来到一家餐馆用餐。

“来，看一下想吃什么？”她拿起了菜单引导大家点餐。

一位同事说：“点一盘空心菜吧。”

“空心菜现在‘不对时’，不要点，改点高丽菜好了。”她说。

另一位同事提议：“不然点个虾仁煎蛋如何？”

“蛋太便宜，不划算，点别的吧。”她说。

又一位同事说：“来个五更肠旺吧，比较下饭。”

“五更肠旺太辣，不如点炸肥肠。”她说。

大家发现，不论别人想吃什么，她一定会借着否定别人来发表自己的“高见”，并主导着大家的点餐。这让本来热络轻松的气氛一下子变得低迷沉默，大家折腾了好一段时间后，才好不容易将菜品点齐。

点好菜后，她立刻开口要男同事们服务：“这里的饭要自己盛，你们几个帮大家服务一下吧，顺便拿碗筷过来。”几位被指使的同事虽已面露不悦之色，但毕竟“和气生财”，还是摸摸鼻子起身帮大家服务。

就在几道菜陆续被送上来后，这位女同事自己调了些酱料，径直往主菜上倒了下去，说：“这菜要这样调味才好吃，来，大家吃吃看。”

一位男同事实在受不了她这种凡事都要做主的习惯，厉声呵斥了她的行为：“每个人口味不同，你顾好自己的调味就好了！”

主导权被质疑，她的脸立刻垮了下来，整场饭局的气氛也因此僵掉。

隐约可听见其他同事的耳语：“她究竟有什么权力，什么都要帮别人做主啊？”

别剥夺他人的权力

一般而言，权力指的是一种改变他人行为，抑或阻止他人影响自己行为的能力。弗伦奇和雷文两位学者将权力的来源分为五种，分别是职位赋予的法定权（legitimate power）及强制权（coercive power）、掌握资源分配的奖赏权（reward power）、拥有专业或知识的专家权（expert power），以及自身魅力足以感染他人的认同权（referent power）。

“吃尾牙”（闽南地区商人祭拜土地公的活动，现引申为公司年度总结及聚餐活动）如果是老板买单，餐厅及餐点选择的权力通常是在老板手上，除了因为老板是出钱人外，还因为老板通常拥有对员工的法定权、强制权及奖赏权。而谢师宴就算是学生买单，在餐厅及餐点的选择上也一定会以老师的喜好为主，这是因为老师之于学生拥有认同权。此外，如果有机会跟美食家一同用餐，大家自然而然都会想听听美食家的推荐，这就是一种专家权。

至于一般的朋友或同事聚餐，根本没有谁拥有特别的权力，如果硬要主导或命令他人就容易惹人嫌，因为根本没有人喜欢被他人指使。

老板因为付员工薪水，所以有了权力。

主管因为组织的职位，所以有了权力。

老师因为学生的尊敬，所以有了权力。

专家因为他人的认同，所以有了权力。

可以说，权力几乎都是源自他人的赋予、尊敬及认同，而在“一定的范围内”拥有。换句话说，如果缺乏他人的共识，权力根本就不存在。

然而，却有一种人像前述的女同事一样，明明未获得他人赋予的权力，却总是希望别人按照自己的意见及方针做事，并借由“越权”发号施令，得到一种拥有权力的快感，剥夺并偷走他人权利。

别失去自己的权力

面对这种喜欢偷窃他人权利的人，你选择默默忍受的话，只会被他得寸进尺地蚕食鲸吞自己的权利。

一般而言，这种人的行为并不一定具有什么特别的针对性，而更像是一种处事习惯。因此他们从来不认为自己是在侵犯他人的权利，而认为是在“教导”及“引导”他人，所以如果一味求全，只会让他们的这些行为更加“合理化”。

另外，面对他们这样的行为，如果表现出的是愤怒或产生冲突，反而会让他们觉得你是在针对他们，是在“侵犯”他们的“权力”，这就犹如火上浇油，只会让彼此的关系更加紧张。最好的方法是保持自己的冷静及自信，并亮出自己的底线，让对方清楚地知道。如果真的无法沟通，就避之则吉吧，不要浪费了自己的情绪成本。

每个人都拥有不被他人摆布的权利，然而，要改变他人并不容易，不如先好好调整自己的心态，唯有做好自己，才能更坦然地去面对这些权利侵犯者。

“自利动机”

市场会有一只看不见的手，驱使着每个人做出对自己最有利的选择。

“利他动机”

人会有一颗看不见的良心，愿意为他人带来利益，并从中获得快乐及满足。

“利他”最后有可能回馈为“利己”

王老板是一家中小企业的负责人，公司主要经营电子机具外销。在十多年前经济最景气的时候，该公司每年的营业额有5000万～6000万元。然而，随着产业没落及网络经济时代的来临，公司的业务受到很大影响，2018年财报的营业额仅剩下500多万元。

可最令人不解的是，虽然营业额仅为过去的10%，但人事费用却没有随着营业额的下降而显著减少。如果现在的业务量已经不需要那么多人力，王老板为什么不裁员呢？

所谓的经济性裁员，是指为了改善生产及经营状况而进行的裁员，一来可降低企业的人力成本，二来可提升劳动的生产效率，其主要目的是保护企业长期的获利及生存能力。

杰克·韦尔奇（Jack Welch）在1981年出任通用电气公司（General Electric Company）的董事长和CEO，将公司原本的41万名员工精简到23万名，砍掉了近18万个工作岗位，公司的年营业额从250亿美元增长到了1400亿美元。而杰克·韦尔奇的管理哲学及故事，则成为每个经理人必读的管理学经典。

杰克·韦尔奇说："你要相信拥有最好的人才才会赢，让垫底的10%的员工了解自己的位置并另谋高就。有人说这很残酷，事实上你让他们耗下去，到他们更难找到新工作时再开除，才叫残酷。"

自利或是利他?

经济学家亚当·斯密（Adam Smith）也告诉我们，自利动机会驱使每一个人去进行最有利的资源配置。追求利益是天经地义的，在自利动机的思维下，我们不能仰赖他人的善行来得到温饱，要想享受一顿美味的晚餐，得先付得起给厨师及餐厅的报酬。经济的驱动力并不是利他主义，而是利己主义。

既然经营事业就是要降低成本及创造营业额，那么如果已经不需要那么多人手，为什么不裁员?

亚当·斯密在他的另一本著作《道德情操论》（*The Theory of Moral Sentiments*）中告诉我们，人除了有自利动机外，人其实也是有利他动机的。

在自利动机的驱使下，市场会有一只看不见的手，驱使着每个人做出对自己最有利的选择。而在利他动机的驱使下，人会有一颗看不见的良心，会去在乎社会的道德价值观、会去顾虑他人的需求，而如果能够为他人带去利益，也将从中获得许多快乐及满足。

杰克·韦尔奇的通用电气公司是世界顶尖的企业，其所雇用的往往是人力市场中的佼佼者。就算被辞退了，多数离职者也不难找到更合适的舞台。而王老板经营的是传统产业的中小企业，多数老员工从经济最景气的时候跟着公司一路走到现在，他们的年龄及所拥有的技能，让他们很难去转换跑道，失去了这份工作，将可能影响生计。

对王老板而言，自己的本钱其实早就赚回来了，如今这家看起来不太赚钱的公司，获利早就不是唯一的目标了。公司的另一个重要的任务，是在不赔钱的前提下创造工作机会，让老员工能够有所归属。这份使命感带给王老板的快乐，或许远比财务报表上的数字来得重要。

利他＝利己？

其实利他不一定损己，有时候也可能是利己的。

有一位年轻的兽医朋友，由于刚执业，并没有太多老顾客，加上现在流行养宠物，兽医诊所满街林立，所以也不太容易争取到新客人上门。

不过，他却有一种很特别的经营思维——因为他热爱动物，也特别关心流浪动物问题，所以他愿意为所有的流浪猫狗进行免费结扎及治疗，也愿意为领养流浪猫狗的主人提供最优惠的治疗折扣，他还与收容所合作，提供自己诊所的橱窗，作为只领养不贩售的展示橱窗，希望能为解决流浪动物问题尽一份绵薄之力。

这样的经营理念，虽然没有为他带来太多饲养高价宠物的顾客，但在口耳相传下，他经营的这家诊所却成为当地人们最愿意光顾的平价兽医诊所，也吸引了不少有着共同价值观的朋友、老顾客及博主自发性地为他做免费宣传。

其实，这就是一种以利他为出发点创造出的利己价值。很多时候，利他不一定吃亏，利己也不一定赚更多。

自利动机或是利他动机都是人性，并没有对错，只看你如何选择，从中找出对自己和对别人最有利的平衡点，就可以了。

PART 4

懒人幸福学

情绪是最昂贵的隐形成本

情绪是最昂贵的隐形成本，冲突、批评、抱怨、说教、说谎、拒绝，都有不同的学问，想要快乐，就要先学会掌控幸福情绪。

25 懂得计算情绪成本，才不会劳心又劳力

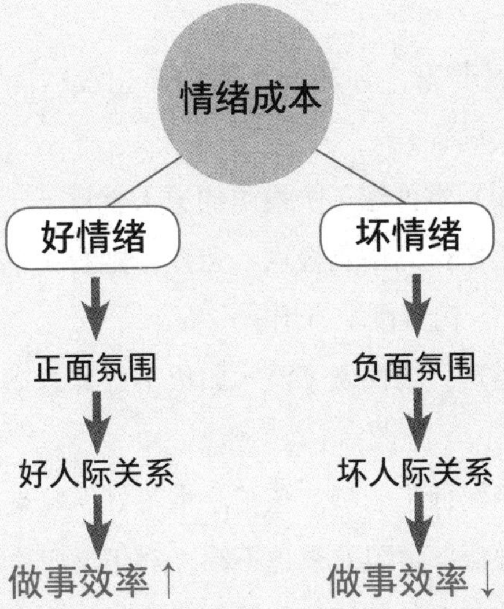

有个脾气不好的男人，工作上没什么大成就。某天，他又因为工作表现不好，被上司狠狠地训了一顿，心情坏极了，看什么都不顺眼。回到家之后，看见老婆慵懒地躺在沙发上看电视，一口气没地方出——

“我辛苦赚钱养家，你却连小孩功课也没顾，饭煮得又难吃，是不是过得太幸福了？”

老婆百般委屈，觉得嫁了个没用的男人就算了，还没来由地被当成出气筒，心情自然糟到极点。忽然，她看见小孩在一旁又跑又叫地吵闹着，一口气没地方出——

“整天只知道玩，功课做了没？如果不好好念书，将来你肯定没出息！”

莫名其妙被老妈训了一顿，孩子心情哪好得起来，就算被逼着坐在书桌前写功课，学习效率也不高，对于学习也越来越没兴趣了。走向自己的书桌时，孩子看见家里的猫咪如大爷般慵懒地窝在自己的椅子上，一口气正好没地方出，于是就一脚把猫咪踢了下去。

“去去去，你这翘胡子又不用写功课，别占着我的位子！”

这就是一种典型的“踢猫效应”。人的负面情绪，如果不能适时地调适及“止血”，就会像传染病一样一直传下去，形成负面的关系链，最后，整个群体都会处于一种相对负面的氛围中，没有人能开心地把事情做好。

通常，处于这样的家庭关系之中，每个成员都很容易将坏情绪丢给他人，养成一种负面看世界的习惯。

在多数的情况下，以负面的情绪来与人相处，并不会让事情变好，顶多只是纾解不满的情绪，这种行为本质上就是将自己的快乐建立在他人的痛苦上，害人又害己。可怕的是，这种行为还会上瘾，让你成为一个人见人厌的讨厌鬼。

情绪是最昂贵的隐形成本

企业的财务报表可以呈现一家公司的各项成本费用，但有一种隐形的成本是财务报表不会告诉我们，却又具有重大影响力的，这种隐形的成本就是情绪。

在商业报价的过程中，如果来的是一个让人劳心又伤神的讨厌的顾客，老板报的价格通常会特别高，高到这位讨人厌的顾客不来最好；反之，如果是一位让人顺心又舒服的顾客，就算公司少赚一些、利润少抓一点，这位顾客仍会被视为好顾客。其实，有时候报价的高低不单单取决于利润的多寡，还取决于这笔生意情绪成本的高低。情绪成本看似不易量化，但确实会影响人的决策及行为。

情绪是一种成本，无论是与人冲突、互相批评、听人抱怨或是说教，其实都是一种情绪成本的付出，可能影响工作的精神状态及心情，不仅当下会让自己的情绪紧绷，还可能使人长时间

处于负面情绪下，同时降低工作效率。因此，要当一个聪明的懒人，最该斤斤计较的就是情绪成本。

以能力相仿的两个人为例，两人工作内容相似，效率也相同，唯一的差别是，一个人个性沉稳、待人和善，另一个人却老是一言不合就跟人起冲突。这样的两个人你愿意跟谁合作呢？一样是完成一项工作，用同样的时间及体力，开开心心地完成工作，跟满腹牢骚地完成工作，是截然不同的两回事。

老是跟拥有负面情绪的人相处，或是自己置身于一个痛苦的氛围里，势必得付出不少的情绪成本。

然而，有时候情绪成本也不一定缘于他人，自己的选择也会影响到情绪成本。有些人开车时就心情愉快，去当司机很合适；但有些人一开车就容易紧张疲倦，别说当司机，就连自己开车出游都有压力。此外，有人喜欢有创意性的工作，有人喜欢行政类工作，有人喜欢体力劳动，当然，工作鲜少是轻松愉快的，但还是有痛苦指数的差别，千万别选一个让自己痛苦指数激增的工作。

千万别忽略情绪成本

人天生具有惰性，不想去面对烦心又劳力的事情，一旦在没有意义的冲突、批评、抱怨、说教上浪费力气，就会耗损太多的情绪成本。如果冲突、批评、抱怨、说教不能为我们带来任何益处，就不应该把精神浪费在这里，不仅自己不开心，旁人也得跟着受气。每个人都应该学会与情绪相处，容易被情绪牵着走的人，从来就成不了什么大事。

爱因斯坦曾说："把你的手放在滚热的炉子上一分钟，感觉起来像一小时；坐在一个漂亮姑娘身边一小时，感觉起来像一分钟。这就是相对论。"

一样的时间，在快乐的氛围中度过与在负面的情绪里度过，感受是完全不同的。懂得计算情绪成本，才能当个聪明的懒人。

26
活用冲突管理，才能激荡创新火花

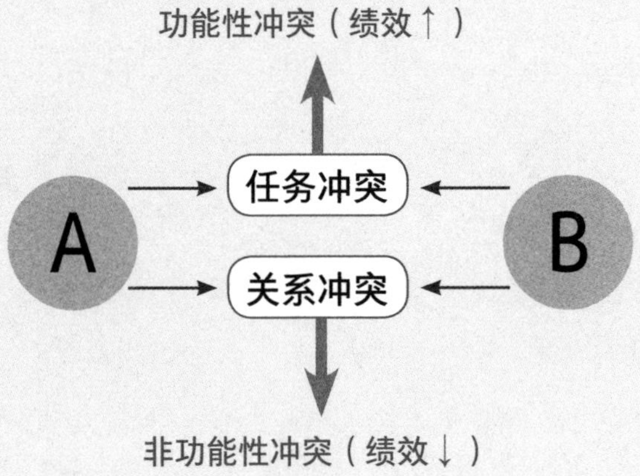

一位已届退休之龄的年长朋友忿忿不平地抱怨，他的职务等级及资历早就足以当经理了，却因为公司里有太多人忌惮他，不但升不上去，还故意刁难，将他调到偏远地区的分公司。同期的同事不是已经当上经理就是当上副经理，自己却是中层主管且一当就是20年，如今再过几年就要准备退休了。

这位年长的朋友在大学尚未普及的年代，就已经拥有了不错的大学学历，当初在入职考试中亦是名列前茅，加上从未缺席过内部的升迁考试，因此他在职场生涯初期可说是平步青云，晋升比其他同期同事快。

但到了退休之际，这位年长朋友的职位反而不如其他同期的同事高，为什么？

原来，这位能力不错的年长朋友，个性非常好强且不服输，老是与人起冲突！

因为学历比他人高，考试分数也比他人高，就连工作绩效都比他人优秀，所以他一向很有自信，只要碰到不认同或是对自己不利的事情，一定力争到底，得了理更是不饶人，不知不觉中就得罪了不少同事及主管。

而这样的习惯不仅出现在职场上，也带进了他的日常生活中。无论是马路上的行车纠纷、消费时的争议，还是跟朋友间的争论，他都以吵赢别人为荣，从来不畏惧冲突，因为他就是不喜欢输的感觉。

他认为，这个社会上有太多莫名其妙的人，就算不去招惹他们，他们也会来找自己麻烦，如果忍气吞声，这些人只会变本加厉，因此一定要让自己“硬”起来。

他这样的个性，确实也让人敬他三分，同事甚至主管都不敢随便得罪他。然而，在保住自己气焰的同时，他失去了好人缘。

在一个有制度的组织中，升迁通常都有一定的依据，也许是看入职的学历，也许是看工作的资历，也许是看解决问题的能力，一般初阶及中阶的职位是依据这些可被量化的绩效来决定的，因此这位朋友在职场生涯初期爬得比谁都快。

然而，当职位到了一定的级别，想要争取更重要的职衔时，看的可能就不是单纯可被量化的履历了，而是依据老板或是上级主管对你的质化印象分数来决定你是否可以升迁。而这位老是与人发生冲突、让人印象不佳的朋友，也就注定没了升迁的机会。

冲突反而可以活化组织?

冲突一定不好吗?

事实上在传统的管理观念中，确实认为冲突是有害的，会对组织产生不良影响，应该设法避免。可随着管理学观念的演进，这样的观念有了些许变化。现在的管理学观点认为，冲突是一种无法避免的人际关系，而且不一定会给组织带来伤害。

还有一些最新的观念认为，**冲突是一股活力，有益的冲突能**

活化组织的互动机能，让组织能够不断地自我批判及革新。因此产生冲突时不能逃避，而应妥善处理及运用冲突。

冲突大致可分为两种——

第一种是对事不对人的“任务冲突”，主要是指为了完成组织目标所产生的冲突，属于一种功能性的良性冲突。组织成员一定会有些不同的想法及意见，有时会因为难以达成共识而产生冲突，这一类冲突对事不对人，有利于活化组织，并激发出更多的想法及创新力。

第二种是对人不对事的“关系冲突”，主要是指由人际关系或情绪诱发的冲突，属于一种非功能性的冲突。在人际相处或完成目标的过程中，除了任务冲突外，一般而言很容易产生对人不对事的人际冲突，不但容易造成组织不和谐，还容易让最后的结论趋于不理性。

但如果像前述的这位长辈朋友那样，什么事都起冲突，就注定要走向错误的冲突管理模式。

别对每只向你“吠”的狗扔石头

无论在职场上还是在社会上都有一些充满负能量的人，喜欢找碴、挑衅、制造混乱来困扰他人，而其中欺善怕恶者亦不在少数，这时候唯有使自己足够强大，敢于直面冲突，让这些人讨不到便宜，他们才会对你敬而远之。

但是，如果我们像这位长辈朋友一样，总是绷紧神经地去与每一个人起冲突，那么在赶跑坏人的同时，可能连贵人都被吓跑了。或许有的时候轻松以对，用委婉的方式或幽默感去化解这些不必要的麻烦，会是更好的方法。

英国前首相丘吉尔曾说：“如果你对每只向你吠的狗，都停下来扔石头，你将永远到不了目的地。”

在战场上，当有暗箭射向自己时，我们可以有两种选择。

一是找到射箭者，冲过去一决生死，但下场可能是成为一名战死沙场的士兵。

二是挡掉这些箭，朝目标继续前进，而结果是有机会成为一位扬名立万的将军。

兵与将，差别就在于此。

27 无谓的批评，只是在浪费时间

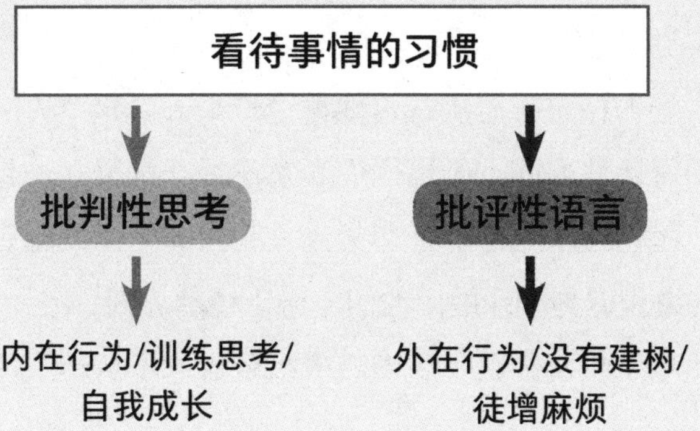

周末午后的一家平价咖啡厅里，几位年轻客人说话的音量如此之大，就算不想听，也还是传进了其他客人的耳中。

“那个人根本没什么实力，运气好而已啦。”

“我只是没有认真，不然根本就轮不到他。”

“你们不觉得，他长得其实很不讨喜吗？”

“我其实觉得他很假，不过能力真的还好。”

听起来，他们似乎正七嘴八舌地讨论一个人，这个人可能在某些方面表现得比他们好，于是他们心有不甘，就聚在一起好好地批评一番。起初每个人都咬牙切齿，直到大肆批评一轮后，情绪借由同侪的力量得到了纾解，他们才得以稍歇片刻。

他们开始玩手机，翻起了店内的报纸杂志，不久却又传来了批评的声音——

“办什么世纪婚礼，你们看她品位好差，那件婚纱一点都不好看。”

“你们看这些当官的，不知道乱花掉我们多少税金。”

“这个什么专家根本是胡说八道，我来讲都比他好。”

原来，这些人的批评对象并不限于他们身边认识的人，连艺人、官员、专家等，都可以是他们拿来议论的“下酒菜”。而从批评时他们的默契及精神焕发的样子看来，可以想象这就是他们的日常样貌，熟练又习惯地批评着所有看不惯的人和事，即使在公众场合他们也依然故我。

那么，只有员工会批评公司及老板吗？不，事实上，喜欢批评员工的老板也大有人在。我曾经在一次活动中，遇到一位从头到尾都在批评员工的老板，而且还是在我们这些客人面前。

“手脚这么慢，用点脑子啊，做事要有效率啊！”

“这我不是交代过吗？同一件事情不要让我一直说。”

他不单是直接批评他的员工，当他的员工离开去忙时，他仍然闭不上嘴，对着我们这些客人神气地继续批评他的员工。

“现在的新人真难教，一样的事得教好几次。”

“现在的员工真难用，做事的积极度都不够。”

“现在的人才真难找，都没办法帮公司赚钱。”

你会认为这是一个好老板吗？不会。后来经由他人得知，这个老板的公司是一家永远留不住人才也赚不了钱的公司，只是老板家里的“本”够雄厚，让他有足够的资本去“玩”生意罢了。

批评的人太多，思考的人太少

我们常常鼓励年轻人，要有批判性思考的能力，其实重点是要培养独立思考的能力，而不是做出批判的行为。但却总有人画错重点，以为必须通过贬低他人方能彰显自己。

想想，如果我们刚认识一个新朋友，他跟你聊的不是什么有建设性的话题，而是在批评他的老板、批评他的顾客，甚至批评他的家人，你会认为这个人值得结交吗？

这样的人不但不能深交，反而会让你担心自己因为哪些地方做得不够好，可能会沦为下一个被批评的对象。

事实上，一个老是在批评别人的人，本身不大可能创造什么价值，也不会是一个值得深交的朋友。

一个人花越多的时间在别人的鸡蛋里挑骨头上，就会花越少的时间在孕育自己的鸡蛋上，最后就容易变成一个“生鸡蛋无、放鸡屎有”的角色。**喜欢随意批评他人的人，通常缺乏检视自己的能力及习惯。因此，一个人花越多的时间在检视他人上，相对就会越显平庸。**

别成为“生鸡蛋无、放鸡屎有”的角色

在职场上，难免会有些小团体，他们通过贬低他人、说别人的坏话，创造出一个共同的敌人及话题，来凝聚小团体的向心力。问题是，如果我们身边总是围绕着这种人，我们就很容易跟着他们停止进步。一个人若总是待在批评他人的小团体里，那么他永远不可能成为能带来价值的人才。

戴尔·卡内基（Dale Carnegie）曾说：“只有不够聪明的人才批评，因为批评改变不了事实，还会招来怨恨。”

张嘴批评人是很简单的一件事，只要脑袋笨一点、逻辑差一点、心胸窄一点就足矣。频繁的批评，是没有能力创造价值的人用来让自己心理平衡的最廉价方式。仿佛只要朝别人身上多吐两口口水，自己看起来就会比较高尚一样。

小心，别让自己成为“生鸡蛋无、放鸡屎有”的角色。

28

过度的抱怨，影响的是人际关系

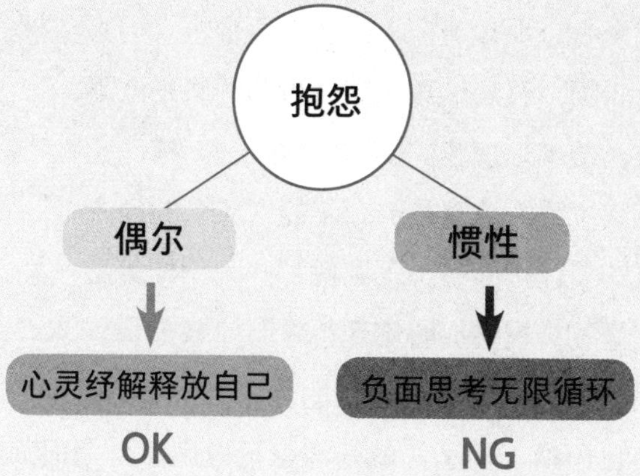

在社交网络上，有一类朋友，总是喜欢在自己的页面上抱怨种种讨厌的人和事。有一位朋友，每次出现在我的动态页面时，一定是满满的抱怨——

“那个人是有事吗？为什么有人自我感觉那么好？”

“为什么有人心机那么重？唉，我不适合跟人钩心斗角。”

“只会出一张嘴，有想过真正在做事的到底是谁吗？”

“我好倒霉，根本是那些同事的问题。”

“我说实话错了吗？这真是一个不能说实话的地方。”

“我们人真的要往正面看，不要像那些人一样负面。”

“我要换工作了，祝你们心安理得。”

在抱怨之后没多久，就看见这位朋友以昭告天下的方式，在社交网络上宣布自己换工作了，就好像自己做出了一个很帅气的决定、开除掉旧公司一样，换来的是稀稀疏疏的几个赞，以及短暂的停止抱怨的“蜜月期”。

有趣的是，过不了多久，这位朋友一定又会在社交网络的世界里，继续抱怨新公司、新同事，上演另一出“众人皆醉我独醒”“念天地之悠悠，独怆然而涕下”的戏码。

其实，如果以看戏的角度，偶尔看看这类人在社交网络上演独角戏也是蛮好玩的，但却不禁为他们忧心，老是活在抱怨的情绪中，真的会快乐吗？

我们不难发现，有着持续性抱怨习惯的人，像是放映二轮片的戏院一样，总是上演着上映过的老戏码，却没发现其实已经是歹戏拖棚了，这是为什么？

人际关系就像一面镜子

爱抱怨的人，其实就是希望通过这种抱怨的行为告诉大家，自己的失败都是有原因的，绝对不是自己不够好，而是外在环境的错，自己是一个无辜的受害者。

抱怨是一种思考习惯的体现，养成抱怨的习惯，其实就等同于养成负面思考的习惯，有此习惯者遇到问题就容易归咎于他人。如此一来，负面情绪就容易蔓延开来，对自己及周遭的人产生负面影响。这样不但破坏了自己的心情，也毁坏了自己的人际关系。

喜欢抱怨的人，鲜少专注于重要的事情，而是将注意力放在那些过去的琐碎小事上。这样的习惯，不但容易让自己错过更多有价值的事，而且容易让自己深陷于那些过去琐碎小事的泥沼中。因此，把抱怨当成唯一宣泄口的人，其实是最愚蠢的。

当然，借由抱怨他人，或多或少也可以得到些心灵上的纾解，偶尔抱怨其实并不是什么坏事。然而，我们不妨想想，为什么天底下的讨厌事总是会找上这些惯性抱怨者？

烂公司真的有那么多吗？可能还真不少。

烂同事真的有那么多吗？可能也真不少……

但如果一再地更换公司及同事，却总是有新的麻烦找上门来，那你自己可能就难辞其咎了。

因为人际关系就像一面镜子，除了跟踪狂及爱慕者之外，这世界并不存在一种“你恨着他人，他人却爱着你”的人际方程式。

当你看不顺眼的人越多，其实也代表看你不顺眼的人可能也越多。

当你想要抱怨的人越多，其实也代表对你有怨言的人可能也越多。

当你习惯去讨厌他人时，其实也代表他人一定也习惯性地讨厌着你。

有点杂音其实也不赖

确实，人生在世总是会遇到不少讨厌的人和事，可能是老板的不识货、老友的不识相、老婆的不体贴、老妈的不公平，就连路人的不礼貌都有可能是我们不开心的原因。但如果不是偶尔抱怨，而是抱怨成了一种习惯，或许就该好好找找药方了。

抱怨的本质，其实就是不愿去正面面对问题，也不去试着解决问题，而是只将问题归咎于他人。这世界上可讨厌的家伙真的很多，有时抱怨一下无可厚非，但最好别让抱怨成为习惯，因为当抱怨成为一个人的习惯时，这个人也同时成了一个讨厌鬼。

如此说来，我们应该去讨好每一个人吗？那倒也不尽然！

丘吉尔曾说：“你有敌人吗？很好！那代表你的生命有所坚持。”

有不认同自己的声音并非坏事，因为那代表你并非是没有原则的个体，也因此才会有些不同的杂音存在。

无须让每一个人都喜欢自己，但也要注意，别让讨厌自己的声音太大了。

29 分享而不说教，沟通零障碍

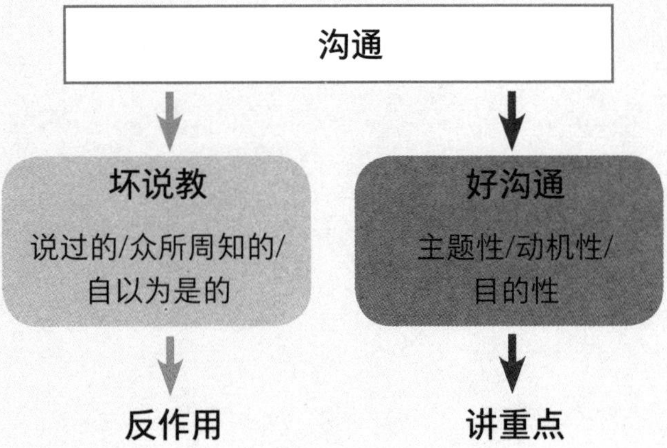

天下父母心基本上都是一样的，每个家长都希望自己的孩子成龙成凤，但却不一定都能如愿。前阵子在一次亲戚聚会中，一位长辈跟我诉苦，说自己念大学的小孩花了太多时间在上网、打游戏上，却花太少的时间在学业上。

这位长辈认为自己费了很多的唇舌去教导孩子树立正确的价值观，孩子却老是听不进自己的教导，有时还会“越讲越故意”，这让他很是担心。于是他要我去劝说：“你说的话他可能听得进去，你去帮我说吧！”

说教？这可真是个吃力不讨好的任务啊，因为不管说教的立意是否良善，通常都少有正面效果，因为“说教”这个行为本身就已经够讨人厌了。

“说教三宝”——说过的、众所周知的、自以为是的

无论是家庭还是职场，都不乏喜欢说教的人，虽然这些人通常是出于善意，想让别人知道正确的价值观及态度，但结果不是得不到善意的回应，就是仅能得到表面上的敷衍。说教为什么难以产生影响力？

因为说教的本质通常是建立在“我是对的”而“你是错的”的假设前提下。换言之，这是一种标准的以上对下、我是你非的

预设立场，而当有了这种角色定位时，说出口的话往往让人难以接受。

爱说教的人，最容易犯的三个通病，就是爱说一些说过的、众所周知的及自以为是的道理。

一、说过的

一样的事情说一遍叫告知，说两遍是提醒，到了三遍及以上，就单纯只是噪声及疲劳轰炸了。听人发牢骚或是说教，需要付出一种昂贵的情绪成本。每个人肚子里的墨水都有限，因此喜欢说教的人，很容易重复说相同的言论。久而久之，就算他的言论再有道理，也只会起反作用，让人敬而远之。

二、众所周知的

另一种说教则是重复说一些众所周知的大道理，像是“要孝顺长辈”“要用功念书”“英文很重要”“做事要专心”“要将心比心”。这些当然都是正确的道理，但就算你不说，难道他人真的不懂吗？这种废话连篇的说教，是最浪费口水的语言。

三、自以为是的

最可怕的一种说教习惯，就是将自己认为正确的价值观强加在他人身上，比如自己有信仰或其他倾向，就认为这是真理，希望用力去感化身边的人。如果他人不认同或不愿意听，还会因认为对方不懂事而生气。这种类型的说教，通常只会给他人带来困扰。

当犯了这“说教三宝”的通病时，说教的功能已经不是在传达重要信息，而是单纯满足说教人自己的说教欲了，这其实就是将自己的快乐建立在他人的痛苦上的行为。

更可怕的是，不少喜欢说教的人，其实自己根本也没做好，因为没有“身教”，只好出一张嘴“言传”了。

演说要明确主题、讲清重点

那什么叫作品质良好的说教呢？其实好的说教跟好的演讲有点像，重点都不应该放在自己想讲的话上，而要想想什么样的演说方式才能够让听众听得进去、吸收得最多。

换句话说，好的演说要有明确的主题性、动机性及目的性，除非双方都乐于闲话家常，否则只要能将重点讲清楚就好，其他废话少说。在能将重点讲清楚的前提下，演说越精简越好，要避免“说过的、众所皆知的、自以为是的”的说教模式。

没有人喜欢被说教，唯有拿掉上对下、是与非的前提框架，好的沟通才有可能实现。

某次在一家咖啡厅里，看到一位妈妈带着一对小姐妹来吃下午茶，小姐姐因为喜欢吃草莓，不太愿意将蛋糕上的草莓分给妹妹。这位妈妈却不责备小姐姐，只是问了小姐姐一个问题。

“童话故事中，美丽的公主都愿意将自己的幸福分享给他人，而不会斤斤计较自己的得失，你是美丽的公主吗？还记得妹妹每一次拿到新玩具，都愿意第一个分给你玩吗？”

小姐姐歪着头想了一会儿，就主动将草莓分给了妹妹。

一个简单的故事，往往比长篇大论的说教来得更有用。

分享故事，不谈大道理。大道理人人都懂，人需要的是具有启发性的故事。

分享看法，不纠正想法。没人爱被纠正，人需要的是自我反思的空间。

如果认为太难做不到，该怎么办呢？那请先努力戒掉爱说教的习惯吧！而这也是我对前述那位长辈的建议。

30 善意的谎言是减少了冲突，还是带来了不必要的麻烦？

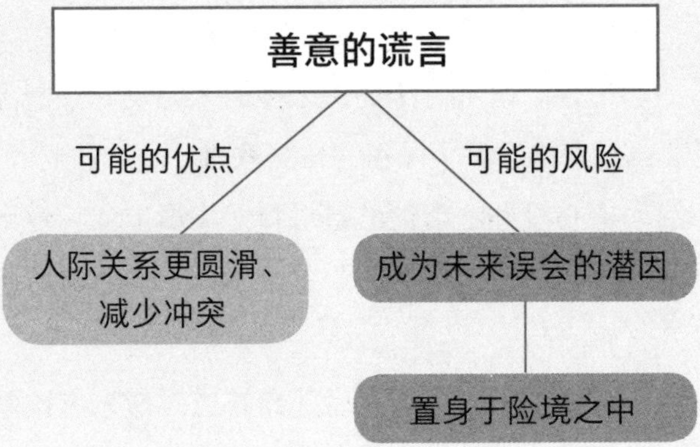

拿捏好善意，才不易伤害人；若有疑虑，别轻易说出口

某个活动中心常常会邀请各种类型的才艺老师，开设一些简单亲民的课程，给当地居民提供一个闲聚交心的时间与空间，如瑜伽、肚皮舞、刺绣、绘画、烹饪等都是常设课程。

有一次，活动中心的总干事邀请了一位专门教手工肥皂制作的老师来讲课，并预定先开两节课，看看听众的反应如何。

像这样的活动中心，通常无法提供太多的人力及专业资源，因此都会请老师自己安排好整个课程的相关教材。

“老师，活动中心没办法帮忙准备材料，学员上课时要用到的所有材料，要麻烦老师自己准备。”总干事打了一通电话给老师，特别提醒了一下。

“好的，我知道了。”老师听完后随口答应，想来应该是了解状况了。

因为手工肥皂制作是过去较少有的课程，邻里很多婆婆、妈妈有兴趣，再加上活动中心的宣传，所以有不少人想相约来体验一下。

然而，这位老师似乎是第一次接触这类课程活动，并没有好好了解活动中心的学员特性，以为自己当天的任务只是教大家如何做出肥皂，于是只带了一套自己上课示范用的教材。整堂课上，只见老师一个人在台上认认真真地示范如何把一块肥皂从无到有地做出来，而学员却不能实际操作，并没有亲身体验的机会。

出于善意的谎言？

问题来了，这是一个体验经济的时代，前来参与的婆婆、妈妈，都是希望老师能带着大家直接体验，最好还能一人做好一个且可以带回家跟家人分享，这堂课才会有趣。因此，参与者难免有了些怨言——

“什么？我们不能自己做？”

“如果只是来看老师示范，我在家里自己看学习视频就好了！”

“我干吗要看肥皂怎么做？我是想带小孩来体验，好好玩一下的啊！”

“好无聊，我们干吗浪费时间来当个旁观者？”

因为没有给学员体验的机会，所以这堂课的反馈并不太好，而预定要开的第二堂课，当然也就没有人要报名了。

伤脑筋的是，如果没有人报名只要停课就好，还可以请老师下次设计好体验课程后再重新开课，偏偏在报名截止日前，有一个人报名了。

一个人根本开不了课，总不能让这堂课变成一对一教学吧？这样总干事也不好意思跟老师说只有一人报名。那么，该如何跟老师及这位报名学员解释呢？总不好直白地告诉他们“第一堂课上得太无聊，第二堂课被取消了”吧？于是总干事只跟老师说第二堂课“因故取消”。而顾虑到老师的面子，总干事则编了个善意的谎言跟学员说："因为老师比较忙，当天没办法上课，所以课程取消了。"

按理说，这样的回答方式，一来顾及老师的面子，二来也没有人真的因此权益受损，更不是为了总干事自己的私利，这应该算是一个面面俱到的善意谎言吧？

但是不巧，这位唯一的报名者正是老师自己邀请来的朋友，他回去跟老师说明了这个情况，你觉得老师会感谢这位总干事的贴心吗？

不，老师十分生气，觉得面子挂不住，还恼羞成怒反过来怪罪总干事，他认为总干事这样对外说明，不就是将课程开不了的原因归咎于他太忙而失约吗？这可是事关诚信的大问题啊！最后闹得双方都不愉快，彼此形同陌路。

善意的谎言可能会带来更大的误解

很多时候，善意的谎言确实可以让人际关系更圆滑，减少不必要的冲突，然而，有时候可能反而给自己带来不必要的麻烦。就像这位总干事，自始至终都是出于一片善意，才编了这个善意的谎言，希望能够圆满地解决问题，结果却适得其反。

面对需要撒善意谎言的情况，我们可以迂回地避重就轻，但最好不要自作聪明地编造一套太明确的说法。**如果一个人为了消弭冲突，而经常说些善意的谎言，这样反而很容易让自己身陷险境，这些谎言可能成为未来误会及冲突的潜因。**

美国前总统林肯曾说：“没有一个人的记性好到可以做个成功的说谎者。”如果无法保证自己善意的谎言不会伤害到任何人，也无法保证善意的谎言不会有被拆穿的一天，就别轻易地将善意的谎言说出口。

说谎是一门大学问，千万别给未来的自己找麻烦！

31 懂得拒绝，不要被牵着鼻子走

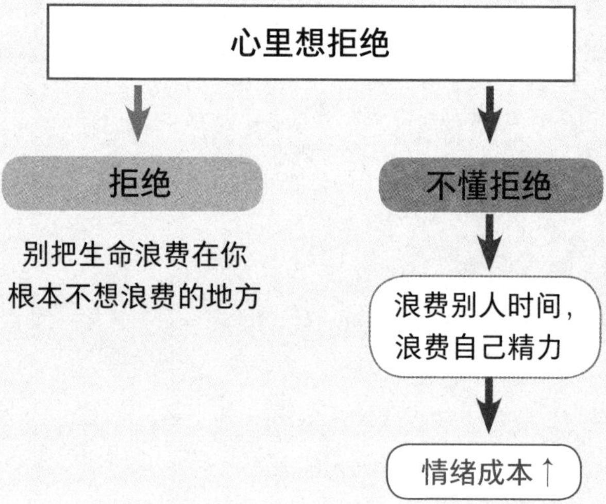

“一起吃个饭吧，介绍一些创造被动收入的方法给你。”

“当你是兄弟才邀请你，一定要来。”

“来来来，体验一下不要钱。”

“请帮忙填个问卷，参加一下我们的活动。”

“你想让自己变得更好吗？千万别放弃自己。”

“你有梦想吗？来我们这边，让我们一起帮你圆梦。”

你有没有收到过类似的邀请呢？在生活中，总是充斥着各种产品、服务、活动的邀约，有些可能来自街上的陌生人，有些可能来自自己的亲朋好友，有时候内心不一定想参与，但拒绝后，却好像自己亏欠别人一样。这时，懂得如何去拒绝没有兴趣的邀约，就是一门很重要的学问。

曾经有这么一个案例，一位还在读大学的年轻朋友，为了负担自己的学费，课业之余打工赚了不少钱。但他在一次打工结束后的回家路上，遇到了半强迫式的访问销售，从路边关于一张问卷的搭讪开始，到几百元的产品介绍，最后再被人以半推半就、话术强迫推销的方式说服，购买了数万元根本不想买的产品。

所谓的访问销售，是在未经消费者邀约的前提下，主动进行推销的行为，通常是在消费者未经思考及判断的状况下便促成的商业行为。人都有盲点，当一样东西免费或便宜时，人们通常会觉得不应该拒绝对方，以至于最后被牵着鼻子走。

这位年轻朋友就这样在非本意又半强迫的情况下，被迫刷卡背了近十万元的卡债，买下了这些根本用不到又不想要的产品。

回到家后，这位朋友深感压力及后悔，曾多次主动向厂商要求解约退货，却屡碰钉子得不到正面回应。他不知道该怎么办，直到近十万元的卡债已经造成生活压力，才开口向身边的朋友寻求帮助。

朋友们上网搜索这家厂商，出现的竟都是“强迫”“受骗”“退费”等负面评价及关键词。原来，这是家极具争议的厂商，已经有不少遇到相同问题的消费者出现。然而，此时已经过了无条件退货的期限，该怎么办？

当然不能就这么放弃，于是这位苦主在几位朋友的陪同下，找到当初要求退款的证明，录下厂商不实又具争议的电话录音，搜集了网络上其他受害者的资料后，请求消费者协会调解、向工商行政管理部门申诉。

而厂商的回应就像挤牙膏似的——

直接要求厂商退货时，厂商说愿意退款两成。

消费者协会调解时，厂商说愿意退款四成。

向工商行政管理部门提出申诉时，厂商说愿意退款六成。

最后因为这位年轻朋友有当初要求退款的证明、之前电话中争议性的录音和其他受害者的参考资料，再加上相关部门帮助维权，最后厂商退还了将近全额的款项。

软土深掘的人，视你的软硬来决定对你的态度

上述是一个真实的关于消费纠纷的故事，起初这位年轻朋友没有定力和主见，态度又不够坚决，软土深掘的厂商自然得寸进尺、需索无度，而当他愿意花时间及精力去寻求帮助、表明自己要求退款的决心时，对方自然就不敢不当一回事了。

费了那么多的时间及精力值得吗？我认为是值得的！因为这整个过程及结果，都是用钱买不到的珍贵经验。对于良善的企业，我们可以轻松享受彼此的互惠；当遇到具有恶意的对象时，就必须坚定自己的立场！因为他们不会愿意浪费时间在无利可图的猎物上。

巴克扎克曾说："谁自尊，谁就会得到尊重。"做人要有自尊心，对己对人都要有底线。所以，聪明的人一定要学会为自己画出一条底线，只要有人不顾我们的感受侵门踏户，请硬起来！"温良恭俭让"也要看对象。

软土深掘的人，视你的软硬来决定对你的态度。商业行为是如此，人际关系亦是如此。

要学会说"不"！

如果你很清楚自己根本不想接触这类产品或服务，最好从一开始就拒绝，不要浪费别人的时间，更不要浪费自己的精力。

沃伦·巴菲特曾说："真正成功的人与其他人的差异在于，

他们懂得在绝大多数的事情上说‘不’！”

不懂得拒绝的人，鲜少能够把自己的核心价值顾好，因为他们把绝大部分的时间及精力都花在应付别人的索求上，最后，连自己本来想要做的事情都做不好。

每一个人的时间及精力都是有限的，别把生命浪费在你根本不想浪费的地方，既吃力又不讨好！

32 快乐经济学，掌握幸福竞争力

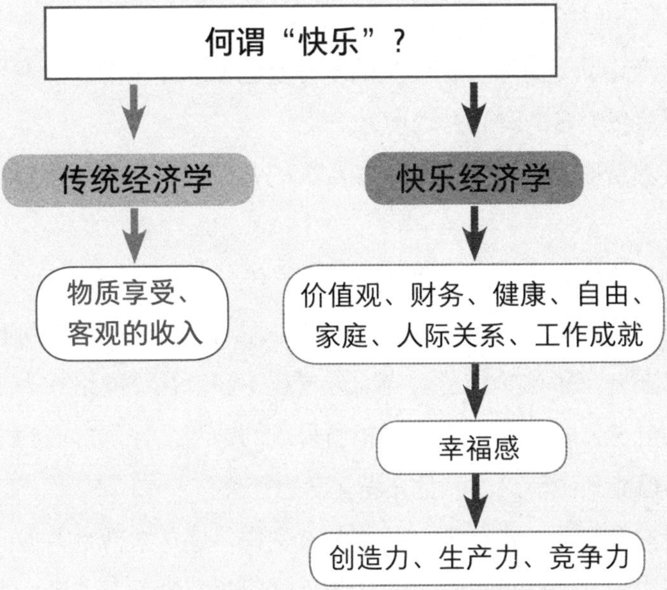

记得在高中时，我们一群男生最爱的漫画叫《灌篮高手》，而最爱聊的话题则是前一天的NBA比赛。只要一有时间，我们就会冲到篮球场上打球打到天昏地暗，就算是下雨天也舍不得放下篮球，那时候的导师就曾苦口婆心地告诉我们——

“喜欢运动是好事，但学生的本分是念书，还是要以课业为重，不要浪费太多的时间在球场上。”

不要浪费时间——这应该是多数人的共识，但什么叫作浪费时间呢?

“明天油价要涨了，大家记得把车子开去加满油啊！”

一位同事在看到油价明天要调涨的信息后，立刻向身边所有的亲朋好友分享了这个信息。当面分享还不够，社交网络成为了他重要的分享工具，他露出一副相当得意的神情，好像自己的这个举动不但能开源节流，而且充满生活的智慧。

不过有趣的是，这位朋友开车常常贪快，停车常常贪方便，被开过不少超速及违停的罚单，几千元的罚单都省不下来了，为什么会在这种小钱上大做文章呢？更何况要特地把车子开去加油，不但车程上要耗油，更会浪费不少时间。

这算什么省钱智慧啊?

“今天咖啡买一送一，快！一起去买吧！”

另一位朋友总是在收到饮品店买一送一的消息后，迫不及待地邀朋友冲到饮品店买咖啡。但是这家饮品店位于闹市区，又是在“买一送一”的大日子，因此排队点餐的客人非常多，加上等餐的时间，他花了超过半个小时的时间才买到这杯咖啡。

再加上走到饮品店的时间，两人加起来等于浪费了快两个小时的时间。如果以最低工资来计算，所浪费的时间其实已超过了一杯咖啡的价值，他们哪里赚到了？

既然都决定要花钱消费了，何不当个惬意的消费者，干吗像这样既浪费时间，又省不到什么钱。可以说，在我的理性思考架构下，他们的行为是不理性的。

但是，我们这个“理性”对吗？

事实上，不管是加油的朋友，还是排队买咖啡的朋友，他们根本不是在省钱，而是在享受“赚到了”的快乐感觉。

享受“赚到了”的快乐感觉

“赚到了”的快乐感觉？

是的，很多时候我们可能会在不知不觉中有一些奢侈的花费，却反而喜欢在一些小便宜或小智慧上大做文章，享受一下“赚到了”的快乐感觉，让自己投射在一种好像有在开源节流的“小确幸”中。

这样不是很糟糕吗？

不，即使根本没有省到钱，但如果这个过程能让我们产生一些好似“赚到了”的快乐感受，那也是一件相当不错的事。因为生活中最重要的一件事，就是享受快乐的感觉。

就像我在高中热爱打篮球，就算赚不到钱，考试分数也可能因此“满江红”，但如果这段时间我感到充实快乐，那么这段时间的“浪费”就算没有可量化的回报，也还是“赚到了”。

别用自己的理性，去衡量他人的感性

传统的经济学观念，以客观的收入及物质享受来衡量一个人的有形快乐；然而在快乐经济学的范畴中，一个人的快乐，并不单单取决于可衡量的数字，还包括了个人的价值观、财务状况、健康、自由、家庭、人际关系、工作成就等，而这些都是决定一个人快乐价值的要件。

快乐经济学认为，快乐不但可以带给一个人幸福感，还可能提升一个人的创造力，提升一个工厂的生产力，提升一个国家的吸引力。换言之，快乐就是一种名副其实的竞争力。

那么，快乐到底是什么？有没有一个明确的公式？有没有一个清楚的方向？或是一个完整的定义？其实还真没有，不过可以确定的是，能够带来快乐的方法，一定是因人而异的。

英国哲学家伯特兰·罗素（Bertrand Russell）曾说：“当你乐在浪费的时间中，就不是浪费时间。”

我们常常用自己的理性去衡量他人的感性，问题是，每个人享受快乐的方法本来就不一样，实在无须将他人的感性放在自己的理性框架之下。

因为**只要能带来快乐，就算“浪费时间”，也是有意义的，**而每一个人对快乐的定义及感受也都是不同的。

PART 5

懒人经济学

创新的动力，始于懒惰

在如今的知识经济时代，头脑才是最重要的工具，要学会创新、创意、可控、深耕、杠杆、动脑，不被传统的标签及成见所困，才能当个聪明又轻松的懒人。

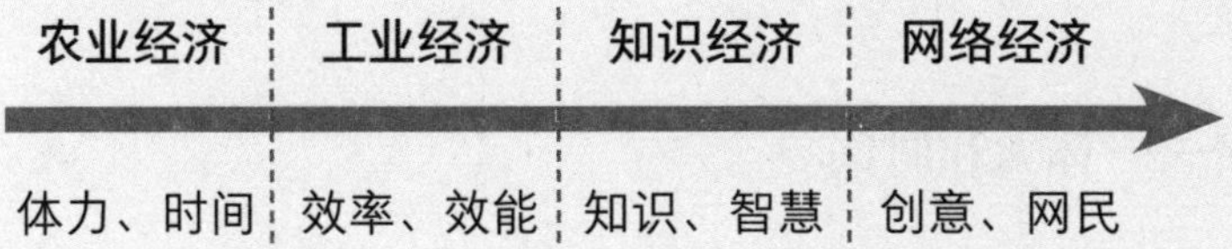
农业经济
工业经济
知识经济
网络经济
体力、时间
效率、效能
知识、智慧
创意、网民

人类的经济文明经过长久的演化，从最远古原始人的石器时代开始，再随着不同文化的演进，发展出各式各样不同的经济工具。

整体而言，人类的经济文明可以划分为四个阶段——农业经济、工业经济、知识经济、网络经济。而在不同经济框架中，经济思维可是大不相同。

农业经济——体力和时间

在工业革命之前，人类赖以为生的经济是农业经济，当时人类最重要的价值投入是“体力”与“时间”，可说是“谁知盘中餐，粒粒皆辛苦”。

在农业经济的思维中，出人头地或是累积更多的财富，靠的就是勤劳——努力地延长工时，努力地种出更多农产品，做的其实就是投入时间的体力活，如此才能创造最大的经济产值。

因此在农业经济的时代，被歌颂的工作态度便是勤劳，勤不但能补拙，还是一种美德，要成功，靠的就是勤劳所创造的最大经济产值。

我们可以说，在农业经济的思维里，人类最重要的经济价值就是“体力”及“时间”。

工业经济——效率和效能

之后，随着人口的增加，农业劳动力开始过剩，加上工业革命的到来，人们渐渐转向新的模式，以机器设备来取代传统的人力，历史进入了工业经济的时代。

弗雷德里克·泰勒（Frederick Taylor）于19世纪提出了“科学管理”理论。

他在当时详细地记录了工厂生产流程中所有的步骤及时间，甚至连工人的每一个动作都列入设计的项目之中，务求以最经济的方式来达到最高的生产目标。

他认为工厂应该借由科学化的设计，将整个生产流程标准化，以达到产能及产量极大化的目标，而这也深深影响了当代的工业经济。

工业经济的思维已经跳脱出靠体力投入的传统思维框架，认为要通过不停地动脑，去思考如何设计流程才能达到最大的效率，如果机器能够做，就不要浪费人力；该偷懒的部分，就不要花太多力气。

别以为工业经济的思维只适用于工厂中，我们常去的麦当劳，在创办初期其实也脱离不了工业经济的思维。

当时的麦当劳兄弟找来了餐厅的全部员工，画出了所有模拟的机台，哪里放黄瓜、哪里挤番茄酱、哪里炸薯条、哪里将汉堡包装好送出，并反复地测试及修正，以追求最快地出餐，成功地将工业经济的管理思维落实在自家餐厅的经营上。

标准化作业流程、全面品质管理、即时生产等概念，都是工业经济思维之下的产物，可以看出在工业经济的思维里，最重要的价值就是提高效率。

知识经济——知识和智慧

然而，一家店的管理再好，流程再有效率，终究是一家店的成功罢了，之后麦当劳加盟事业的奠基者雷·克罗克（Ray Kroc）又跳脱出原先工业经济的思维，转而跨入知识经济的范畴。

当雷·克罗克取得了麦当劳的特许加盟权后，他与许多懂法律、营销、房地产的人合作，打造出一套与原先合约截然不同的商业模式。通过总公司来寻找合适的店址，购进或长期承租土地，再转租给另一个加盟主，他从中赚得大笔的保证金及利润。

推销员出身的雷·克罗克，非常懂得从市场及消费者的角度来看事情。他曾经表示，麦当劳的事业根本不是餐饮业，而是房地产业，而这里所说的房地产的发展模式便是这套由雷·克罗克打造的特许加盟营运模式。

首先建立起“品牌”，取得加盟者及银行的信任，并通过标准化来复制成功经验，以达到快速扩张的目的，一路将麦当劳打造成为全世界最有价值的餐饮品牌。

其次，这是一种知识经济的活用及复制。在知识经济的思维里，最重要的价值是知识及智慧的累积。

网络经济——以网民为本

在历经了农业经济、工业经济、知识经济后，如今人类的经济文明已经迈入了网络经济的时代。

雷·克罗克于1984年逝世，而此时麦当劳的版图已经扩展到了全世界，成为世界上最有价值的餐饮品牌。如今麦当劳仍在持续转型及成长中，在实体店面之外，也开始通过网络寻找新的顾客群。

加拿大的麦当劳曾经在网络上创建了一个顾客论坛，给顾客提供一个回馈及提问的网络平台。

其中一位消费者提出了一个有趣的问题——

“为什么我所吃到的汉堡跟广告中差那么多？”广告里的汉堡看起来是那么大、那么鲜嫩多汁，但实际拿到的汉堡却总让人有些失望。

这问题很妙，不过麦当劳的官方回复更妙。

“广告中的汉堡来自Photoshop，制作花了4个小时，而你吃的汉堡来自我们的餐厅，制作只花了1分钟！”

这个诙谐的回复被消费者广为分享，不仅为麦当劳塑造了充满创意的形象，还没有花费任何预算就达到了品牌营销的效果。

由此可见，在网络经济的思维里，最重要的价值正是得到网民的认可并获得广泛分享。

那什么叫作懒人经济呢?

其实,除了农业经济外,无论是工业经济、知识经济还是网络经济,通过提升效率、累积知识、活化网络来达到“运用小力气得到大收获”的目的,都称得上是一种懒人经济。

换句话说,想得到最具经济效益的收获,就要先弄懂懒人经济。

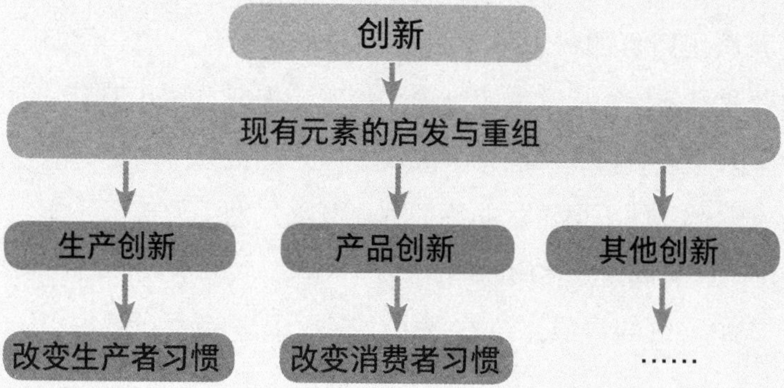
创新
现有元素的启发与重组
生产创新
产品创新
其他创新
改变生产者习惯
改变消费者习惯
……

《乌龙派出所》是一部日本畅销漫画，描述了一位爱惹麻烦的问题警官——两津勘吉的工作日常，漫画从1976年9月开始连载，迄今已经有40多年的历史。

一位创作者能够投入创作40多年已经是超乎想象了，更何况还是同一部作品。

《乌龙派出所》的作者秋本治在日本非常有名，是一位颇受尊崇的敬业漫画家。他从来不拖稿，也不让连载有“开天窗”（因特殊原因让连载报刊版面留下成块空白）的机会，而更难能可贵的一点则是，他不但不让助手们熬夜赶稿，助手们甚至还能准时上下班，拥有周末的休假时间。

数十年如一日的自律，才造就了这部史上连载时间最长的作品。

然而，创意总有枯竭的时候，一样的角色设定及故事框架，是如何连载40多年的呢？

如果只看卡通，可能会认为《乌龙派出所》就是单纯的无厘头搞笑作品，但如果你是长期追纸本漫画的读者，便会发现这部作品就好比是一部日本当代发展的百科书。

40年的时间有多久？社会环境的变迁有多大？

从黑白电视、彩色电视到液晶电视。

从录影带、ＤＶＤ到蓝光光碟。

从寻呼机、按键手机到智能手机。

从纸本媒体、数位媒体到网络媒体。

而《乌龙派出所》最大的一个特色，就是作者总能随着时代及科技的发展，用同样的主角及故事框架，以诙谐幽默又深入浅出的方式，将整个时代科技变迁的介绍及应用都融入在这部作品中。

流行趋势的转变，包括古玩、电玩、手机、模型、光碟、汽车、火箭、美食、网络、旅游、奥运等，这些时事及新知在作者的创意下，都被包装成为这部漫画的素材，通过轻松娱乐的方式，描述世界潮流趋势并带给读者不少科技新知，而随着时代的进步，作品也跟着一起成长。

其实，这就是一种创新。

在《乌龙派出所》这部漫画中，作者总能根据时空环境的不同，将不同时代的元素融入自己的作品里。即使故事的主角及主轴永远都是无厘头的两津勘吉，作品的内容却能随着作者的阅历而更丰富，最终才得以成为一部长青作品。

什么是创新?

到底什么是创新?

用比较文青的说法，应该就是绞尽脑汁、燃烧生命，努力挖掘出灵魂深处的新意?

不！不需要那么辛苦。

其实**聪明的创新，从来就不是凭空挖掘而出的，而是通过一**

些现有元素的启发，去将这些元素重新组合、包装而成的。

“破坏性创新”的概念，最早是由奥地利的一位经济学家约瑟夫·熊彼特（Joseph Alois Schumpeter）于1912年提出的。他认为创新就是将原始的生产要素采用新的方式重新组合，以提高效率或是降低成本的经济过程。之后克莱顿·克里斯坦森（Clayton M. Christensen）再次诠释了破坏性创新的概念，认为破坏性创新是针对顾客设计的一种相对崭新的产品或服务。

由上可知，所谓破坏性创新，指的便是足以打破旧有框架，改变生产者或消费者的习惯的创新。

汽车的发明，源自奔驰汽车的创办人卡尔·本茨（Karl Benz），他成功地以汽油引擎取代了过去体积庞大的蒸气引擎，生产出世界上第一辆汽车。然而，高昂的生产成本，使汽车一直无法普及。

直到福特汽车的创办人亨利·福特（Henry Ford）于1908年将原先用在猪肉屠宰场的流水线生产模式，运用在汽车的生产上，汽车才成功走入大众生活。

在20世纪80年代风靡全球的随身听，其实是SONY的创办人盛田昭夫，偶然看见有人在街上背着厚重的收录音机，发现人们有将音乐带着走的需求。于是他将收录音机缩小后，与耳机做了巧妙结合，就创造出随身听。

再说说智能手机的发展，iPhone 智能手机是Apple的创办人史蒂夫·乔布斯，将多点触控的专利技术，结合当时日渐成熟的手机智慧型功能开发而成的。

从这些例子中我们可以发现，所谓的创新从来就不是真正地创造出新事物，而只是将过去人们没有联想到的一些元素连接在一起。

创新就像蜜蜂酿蜜

如果空气是上帝最伟大的创造，那么水（H_2O）就是上帝最伟大的创新！

因为水并非无中生有，而是由氢（H）与氧（O）巧妙结合所产生的。创作亦是如此。

英国哲学家弗朗西斯·培根（Francis Bacon）认为，做学问的人可分为三种：第一种人像“蜘蛛结网”，努力地从自己的肚子里挖掘有限的东西；第二种人像“蚂蚁屯粮”，努力地从外面原封不动地搬东西回来储藏；第三种人像“蜜蜂酿蜜”，广采百花后再通过自己的加工，酿造出最香甜的蜂蜜。

第一种人创意有限，第二种人缺乏原创，第三种人才真正能够源源不绝地进行创新。

这世上鲜有能够无中生有的创作，能够不断创作的人，都不是闭门造车的工匠，而是能够在广搜资料、入微观察、独立思考并消化后，将这些想法化为自己血肉的创作者。

35 创意·与其大手笔投入，不如开创有趣话题

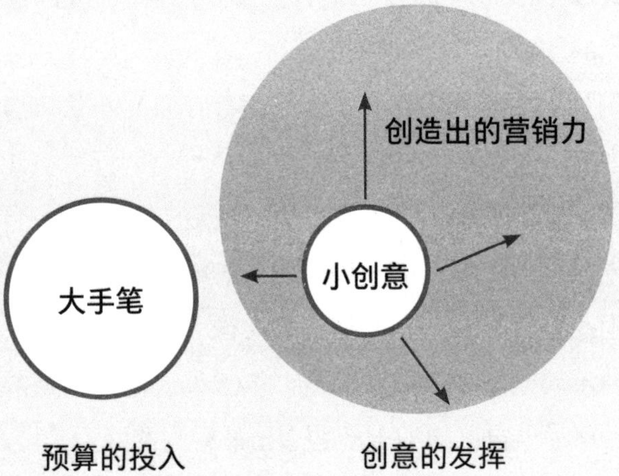

有一位企业老板，每年都会为自家的企业品牌推出电视广告。而广告内容的制定有几个程序，首先由内部或以委托外方的方式进行广告创意的启发，再由营销部门来进行文案的筛选，然后将他们认为较佳的方案呈交给老板，由老板做最后的决定。

然而，营销部门认为较好的那些方案，往往不受青睐，总会被老板否定掉。因为那些充满创意又跳跃的点子，对于年过七旬的老板来讲都太缺乏逻辑性，老板难以理解当中的趣味所在。因此为了符合老板的喜好，方案就越改越古板，而这些老套又没创意的广告，自然得不到太多消费者的共鸣，只是花钱买曝光机会。

好不容易在一次营销企划中，年轻的营销主管终于说服了老板，去尝试一次那些他认为没逻辑的点子，用年轻人的创意制作了一支不同于以往风格的新广告，结果呢？

这支广告所带来的庞大效益及话题性，远远优于过去那些老古板的广告，也证明了老板选方案的眼光似乎不太好。

其实，这位老板在管理上一向有相当不错的表现，带领着这家公司从中小企业成长到现在领域中的佼佼者。然而，好的管理人并不等于好的营销人，加上不同年龄层的隔阂及代沟，这位年过七旬的老板凭借自己的营销眼光来选取的方案，自然难以吸引当今消费者的目光。

老板最后无奈地接受了自己眼光不好的事实，他爱的方案消费者不爱，而消费者爱的方案他看了又不喜欢，那该怎么办？

“从今以后，营销的部分我不管了，请营销经理全权做主！”

老板决定眼不见为净，将公司营销广告的决策权交给别人，从此不再过问及过目广告方案的内容。从这个角度来看，这老板还真有自知之明。

大手笔与小创意

在过去以生产导向为主的工业经济时代，需求往往大于供给，只要能把产品做好就有市场。而在进入营销导向的网络经济时代后，市场上的供给开始大于需求，导致厂商间的竞争日趋激烈，单单做好产品已经不够了，还必须努力地了解消费者的需求。

每个时代都有不同的最佳营销媒体，过去从传单、报纸到电视广告，都曾有其强大的聚焦魅力，然而随着网络经济时代的来临，这些传统媒体的影响力已大不如前，取而代之的网络世界则成为兵家必争之地。

每个人都知道网络营销的重要性，因此不少企业将大量预算投资在网络营销上，请人设计网页、买关键字、买曝光机会及买点赞数，但为何真正能在网络世界营销上获得成功的企业却是少之又少？

这是一个资讯爆炸的时代，同时也代表着在这股大数据的洪流中，营销人要想产生一些涟漪并不容易，毕竟一个人一天所接触到的资讯量，可能远远超越过去的人一整年所接触的资讯量。而如果一家企业在银弹不足、羽翼未丰时将大量预算投入于此，就犹如将钱投入许愿池一般，买的是一个希望，而不是实质的营销力。

当营销预算有限时，企业就不应该将过多的预算放在用钱就买得到的资源上，因为就算在这些资源上投入得再多，也难以达到营销效果。营销绝非单纯砸钱搏版面那样简单，事实上，网络世界最具营销力的部分其实是钱无法买到的。

联合利华（Unilever）的CEO基思·威德（Keith Weed）将营销力分为"拥有的"（owned）、"买来的"（bought）及"赚到的"（earned）三个部分。"拥有的"指的是自家的招牌或官方网站，"买来的"就是大手笔得到的那些广告版面，而所谓"赚到的"则是指经由创意发挥所获得的媒体自发性报道，抑或是网民的自发性转载，而这才是这个时代最值钱的部分。

在大数据时代，若将付费媒体作为营销主力，投入大部分的预算，那买的只是一个曝光机会，带来的营销力并不大。然而，如果能够将预算的投入方向转向创意的启发，这些创意往往能创造一些用钱买不到的营销力，让媒体及网民成为我们免费的营销载体。

"拉"比"推"更有力

过去，企业可以花大量的钱将想要营销的资讯"推"给消费者，如今的消费者却已经不再被动买单，因为他们只愿意看见自己感兴趣的东西，所以企业就要创造有趣的玩意儿，让消费者愿意被“拉”进来，而不是如同前述，依照老板的个人喜好，打造无聊的东西“推”给消费者。

假设预算有限，就不要试图用钱堆积营销力，因为如果自家的产品或是创意根本不具吸引力，那么所有投入的营销预算将形同浪费。要知道，那些在网络营销上获得成功的品牌企业，并不是因为网络而成功，而是本身的创意及商业模式就已经很成功，网络仅仅是加快传播的推手罢了。

营销要成功，靠的不是大手笔，而是小创意！

36 可控·专注于可控范围，才能带来最高产值

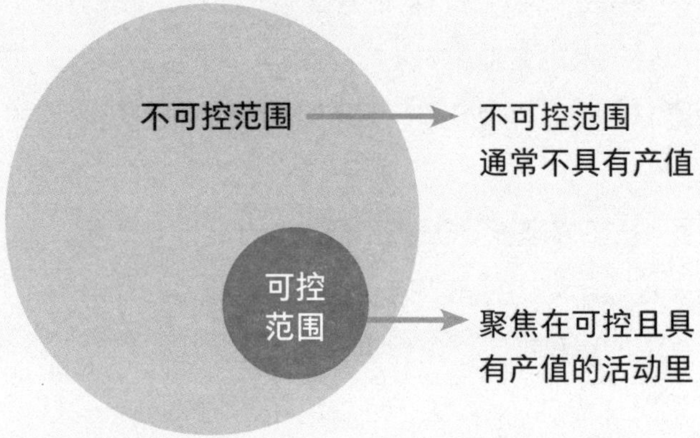

有一位长辈朋友非常关心国家大事，平常空闲时，总是会将电视调到新闻台，再随着节目中的议题高谈阔论，发表自己的“高见”，有时还会讲得脸红脖子粗。

“这些人全是一样的嘴脸，只想骗支持率罢了。”

“这个名嘴看起来真讨厌，讲话老是颠三倒四、胡说八道！”

另一位年轻朋友则是非常关心名人轶事，平常空闲时，总是喜欢上网浏览名人的丑闻及八卦，还花不少时间跟意见不同的网友展开论战。

“这个女明星又不漂亮，真搞不懂她为什么能当明星。”

“这些人花边新闻还真多，有点钱的人就是爱作怪。”

“那个人唱的歌真难听，这样也好意思出来唱！”

想想，我们身边总是不乏这样的人，花大把的时间及精力，坐在电视机前或是拿着报纸杂志，大肆评论国家大事、大骂公众人物，或者是大谈明星八卦。他们满怀热情地投入到这些议题中，评论起来还气势十足，好像这个世界如果少了他们的参与就无法运行一样。

并不是说不能关心这些社会议题或是名人趣闻，但回过头来仔细想想，这些在电视机前、在报纸杂志前高谈阔论的人，他们到底改变了什么？创造了什么价值？事实上，他们根本没有改变任何事情，也没有创造出任何价值。为什么？

因为他们燃烧生命评论的事物，其实根本不在他们的“可控范围”中，他们自然也就无法产生任何影响力。

可控范围决定你的影响力

什么叫作可控范围？

工头在一定的范围内，可决定自己要进行什么样的工程施作，而这决定了工头最终的影响力。

医生在一定的范围内，可决定自己要做出什么样的医疗行为，而这决定了医生最终的影响力。

律师在一定的范围内，可决定自己要制定什么样的诉讼策略，而这决定了律师最终的影响力。

记者在一定的范围内，可决定自己要进行什么样的采访报道，而这决定了记者最终的影响力。

作家在一定的范围内，可决定自己要选择什么样的题材写作，而这决定了作家最终的影响力。

换言之，无论是工头、医生、律师还是记者、作家，在他们的专业领域内，都有一定程度的可控范围，他们在这个可控范围内，可以选择积极投入，也可以选择消极应付，而这将决定其最终的影响力。

反过来看，律师无法决定医生的医疗行为，记者无法决定作家的写作内容，工头也无法决定律师的诉讼策略。而越是能创造价值的人，通常会将越多的精力及注意力，放在自己真正可控的事情上，不在自己不可控的地方浪费力气。

当一个人老是将大部分的时间及注意力放在自己不可控的事情上时，他就容易变成一个被动型的人，每天为了自己无法改变的事烦心，最后个人的影响力就会越来越小。

当一个人总是将大部分的时间及注意力放在自己可控的事情上时，他就容易变成一个主动型的人，将心力投入到自己可以有所作为的事情上，慢慢地累积自己的影响力，最后才会成为一个相对有影响力的人。

聚焦在“可控又具有产值”的事情上

如果《哈利·波特》（*Harry Potter*）的作者J．K．罗琳（J. K. Rowling）当初并未全心投入于将她脑海中充满创意的奇幻故事写成文字，再将这些文字投稿到出版社，那么就不会有这部举世闻名的小说问世。而这部作品的点点滴滴，正是她最可控又最具产值的部分。

一个人的时间、体力及精力都是有限的，对于自己不可控制的事物，最好不要太好管闲事，因为不管你好不好管闲事，由于没有控制力，最后结果都是一样的，所以这件事就不值得你去烦心。

你没有办法去关心所有的事情，幸好，其实也没有那么多的事情值得你如此关心。有些事情不是不重要，而是你根本帮不上忙，所以你更要专注于自己能创造价值的地方，而不是专注于自己无能为力的事物上。

为了取得良好的经济效益，你应该顾好自己擅长的东西，去满足少数重要的人，将力气放在能产生显著效益的少数活动里。

简单来说，不关你的事就别管太多，做好自己的事情最重要。

37 深耕·处处蜻蜓点水，不如深耕经营

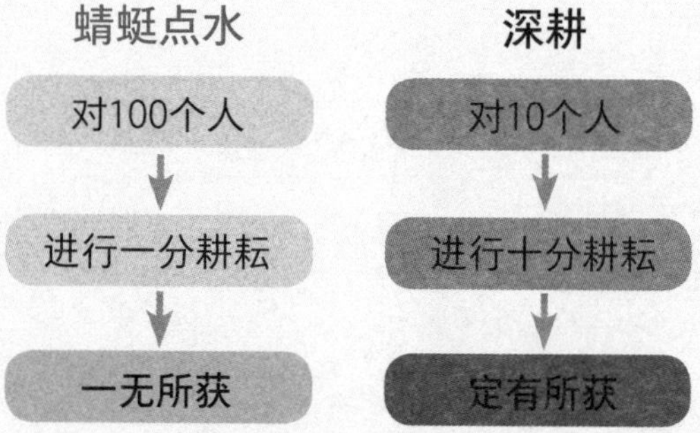

一甲丰沃地，胜过十甲不毛之地

一位保险业的年轻朋友在事业上相当有冲劲，他参加了不少社团，从狮子会到扶轮社，各大社团都不放过，还跑遍了大大小小的创业论坛、商务聚会，交换过不少名片，积极地扩大人脉，不肯放弃任何缔结保单的机会。

“我认识某上市公司主管，上次跟他交换了名片。”

“我认识某银行的分行经理，上次跟他吃过饭。”

“我认识某知名媒体总编辑，上次跟他聊过天。”

这位朋友总是大谈他在人脉缔结上的丰功伟业，而在社交网络上，也不乏他通过参与大大小小活动与不少看起来很厉害的人拍的合照。如此看来，他的事业应该经营得相当不错。

但有一次在私底下闲聊，他大吐苦水之后，我才知道原来他觉得自己对于工作的投入，与回报根本不成正比，这些他口中的大人物根本没有跟他买过保单。

什么？但想想也合理，大客户的保单哪有那么容易到手，这往往需要长期的培养及信任。

不过，这还不是最可悲的事，更可悲的是过去他好不容易卖出的保单，老顾客不是不愿意跟他续保，就是希望更换业务员。

呃，这也太惨了吧，究竟发生了什么事？

原来，这位朋友一直希望把事业做大，将自己的人脉网扩大，成为一个人人称羡的黄金保险业务员。于是他几乎把所有的时间及精力都放在开发新客户上，对于老顾客的关系维护却不再投入时间及精力。

结果，这些老顾客不但不愿意帮他介绍生意，甚至还渐渐流失，就这样，新的进不来，旧的留不住，他在保险业汲汲营营的这几年似乎都白费了。

这位朋友的案例，让我联想到一款颇具历史性的电脑游戏——《大航海时代》系列。

从《大航海时代》看深耕的重要性

《大航海时代》系列游戏是一款于1990年发行的畅销电脑游戏，玩家在游戏中扮演大航海时代的船长，率领一支远洋舰队进行探险、贸易及海上战斗。游戏当中的一些背景设定，在某种程度上可以反映出这个案例的问题。

在游戏中，主人翁身为一支舰队的船长，率领舰队前往世界各大城市，如果想要在该城市停靠并做些生意，就必须与港口的总督府签订合约，进行军事投资或是商业投资，以提高对该城市的占有率。同时也可进行各种产品的交易买卖，以获取贸易盈利。

然而，当舰队在该港口的占有率不高时，舰队仅能停靠在港口做点小买卖，买卖的数量也将有所限制，无法获得太多盈利。反之，当舰队在该港口的占有率达到百分之百时，舰队不但可进行大量的产品贸易，还可获得该港口上缴的额外盈利，而且当有敌对势力试图靠近港口时，还可开展驱逐行动。

在游戏中，如果每个港口都只是像插花般，仅拥有一点点占有率，舰队就不容易形成核心竞争力。与其拥有数个不具有实质控制力的港口，还不如掌握少数几个百分之百确实占有的港口，那才是长期竞争力的来源。

一甲丰沃地，胜过十甲不毛之地

拿破仑曾说："为了把卓越超群的力量集中在一个地方，那其他的地方就必须要省下一些力量。"人的时间及精力都是有限的，应该学会有所取舍，高占有率绝对比蜻蜓点水更有用。

如果你对一百个人分别进行一分耕耘，那最后的结果可能是一无所获。反之，如果你只对十个人分别进行十分耕耘，那么有极大的可能从其中的五个人身上获得一定的收获，这就是一种"深耕"的概念。

事半功倍还是事倍功半，有时候取决于一个人时间及体力的分配——是重质还是重量？是重视个人占有率还是市场曝光率？

当然，一定程度的努力及投入仍然是必须的，只是努力的回报通常不会是线性的，也不会是一比一的，因而如何分配你的投入，就是一门相当重要的学问。其实半吊子的投入，有时候跟完全没有投入没什么两样。

深耕有时候比开拓更重要，就算有十甲的不毛之地，也无法

为你带来任何收成，还不如好好地深耕一甲的丰沃之地，那才会让你真的有所获得。

记住，一甲丰沃地，远胜过十甲不毛之地。

38 杠杆·用最小的力气，达到最大的营销效果

杠杆的支点放对了，
一点小力气就能带来大收获

漫画《航海王》描述了主角“草帽路飞”以当上航海王为目标的冒险故事。

故事中出现了不少具有领导魅力却又风格迥异的船长，主角“草帽路飞”有不畏失败的勇气、“红发杰克”有谈笑风生的侠气、“白胡子”有震慑群雄的霸气、“女帝蛇姬”有魅惑一切的娇气。

这几位有着不同领导特质的船长，为这部畅销作品赢得了高人气，而且这部作品还隐含着不少有趣的管理哲学。

若论谁是最优秀的领导人，或许各有支持者，但说到谁是最懂营销的船长，像个搞笑丑角的“小丑巴基”反倒可能是当中最大的一匹黑马。

向“小丑巴基”学营销

事件营销：抓住热门议题

“小丑巴基”在故事中被海军关进了推进城的监狱，可他却趁路飞劫狱时溜了出来，并偷走了狱监的钥匙，扮演救世主放走了囚犯们，又靠那张嘴胡吹一气，燃起了所有人的斗志，让囚犯们成为他的信众，一起越狱。

后来在“顶点战争”中，“小丑巴基”又从海军的手上偷来一只影像电话虫，当海军关闭所有对外影像时，只剩下“小丑巴基”手上的电话虫能够使用，于是他就一枝独秀地在世人面前崭露头角，成功地利用这次战役将自己营销到全世界。

像这种**抓住热门事件，结合自身的资源，让自己在时局中取得营销机会的方式，就是一种事件营销**。

捆绑营销：联结名人光环

“小丑巴基”因为劫狱事件，与路飞成了这起大事件的两大主谋，明明他在整个过程中没什么作为，却因为跟名人路飞绑在一起，自然而然地也成了这起大事件的名角。

加上“小丑巴基”与“红发杰克”以前在“航海王”的船上一起当过实习船员，曾与“红发杰克”兄弟相称，再通过这次事件中经常被聚焦及宣传的关系，让“小丑巴基”从此跟这些名人捆绑在一起，成了世人眼中不得了的大人物。

这种**通过联结名人，或是将两个不同商品绑在一起营销，借以扩大自身影响力的方式，就是一种捆绑营销**。

故事营销：说一个好故事

在逃狱的过程中，“小丑巴基”明明没起到什么大作用，却总是能凭借着一张嘴，说些夸张的故事，来凝聚众人的向心力。

当海军原本封闭的大门被误打误撞地开启时，他还会摆出架势，仿佛大门是因为他的超能力而打开的一样，加上与“红发杰克”“草帽路飞”“白胡子”的旧交，让他的故事更添可信度，吸引了一众身手不凡的囚犯死心塌地地追随他。

借由这些故事的形塑，“小丑巴基”从一个蹩脚船长，成了众人眼中的救世主，最后世界政府也因为对他有所忌惮，邀请他成为“王下七武海”的新成员。就这样，他从一个默默无闻的小人物，一跃成为被众人歌颂的大人物。

像“小丑巴基”这样通过说故事及大肆渲染的方式，来形塑自己的鲜明形象，以达到营销的目的，就是一种故事营销。

一个好品牌，通常都有一个好故事来传承，而一个好的营销人，通常都很善于利用事件，或是联结知名的品牌或名人，来做一个聪明的联结营销。从这一点来看，“小丑巴基”还真是个杰出的营销人才。

简单来说，“小丑巴基”所做的就是用最小的力气，去达到最大的营销效果。明明没什么本事，却抓住热门议题，联结名人光环，再说一个好故事，帮本来没什么本事的自己，成功营造出顶尖成功者的形象。

运用杠杆原理，创造最大营销效能

有人说营销的本质就是“隐恶扬善”，把自己的弱点隐藏起来，再把自己的强项放大推销。这就像男孩追求女孩时，总是要表现得绅士大方些，最好再说上几句动人的情话，而女孩想要吸引男孩时，也都会特别打扮一下。这些行为，其实都带有营销的元素。

这就像一个杠杆，重点在于支撑点有没有放在对的地方，笨拙的人花了很大力气，却只能获得一点点的效果，而聪明的人只花一点点力气，却能获得惊人的大动能。

想要聪明地营销自己，我们得跟“小丑巴基”多学学，如何用最小的力气，达到最大的营销效果。

39 动脑·体力活是加法，脑力活是乘法

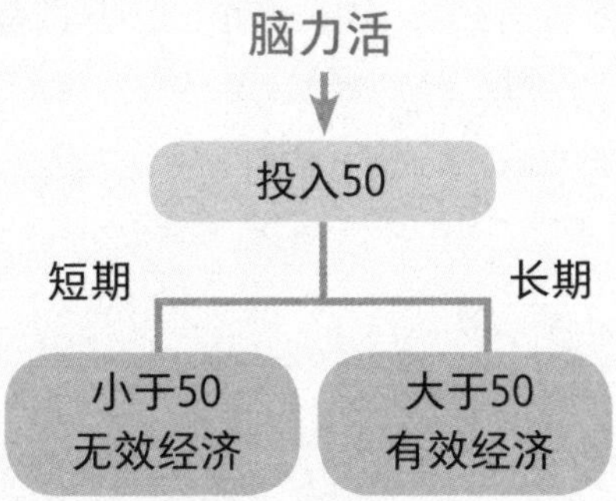

脑力活像乘法，
只要基数足够，就能倍数成长

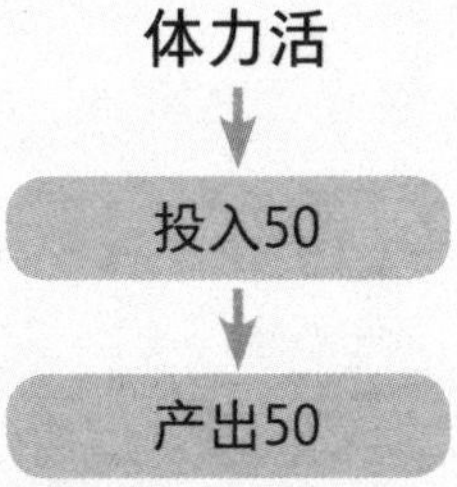

体力活像加法，
投资的体力短期能看到效果

前阵子一位亲友要搬家，通过网络找到了一家搬家公司，第一次接洽时，头发花白又有着啤酒肚的老板亲自前来。这位老板诚恳又有效率，看起来颇有经验且可靠，于是在谈定价钱及确认了有关的优惠及细节后，双方就在当天签了搬家合约。

然而到了正式搬家那天，这位老板却没有现身，只来了几位负责搬家的员工。这些员工看起来不是太过年轻，就是缺少了些可靠感，更奇怪的是，现场负责跟我们沟通的竟然是一位略显生涩、看起来似乎还不满20岁的金发年轻人。

“坐镇的是个年轻小伙子？这公司也太不可靠且没诚意了吧？”

虽然这不是什么了不起的大案子，但好歹也要花好几万元的费用，加上家具搬运风险的考量，没有可靠的老板来履约，我们怎么敢把重要的家当随便交给这些年轻人，万一出了问题谁负责?

于是我们立刻致电老板，告诉他我们的疑虑。为了我们这些“难缠”的顾客，老板还是花了些时间驱车前来，亲自与我们接洽搬家事宜，整个搬家流程才正式开始。

由于每样家具都有不同的形状、重量，适合的搬运方法多少也有些不同，如何进行流程的安排、如何调配现场的人力，其实都大有学问。但出乎我们意料的是，即使老板亲自前来，现场坐镇指挥的竟然还是那个金发小伙子，而且搬家公司的所有员工，无论是年长的还是年轻的，都照着他的安排做事。

而他也不是只靠一张嘴，虽然看似身形清瘦，但他所搬的东西及投入的力气一点也不比同事少。最后，所有的搬运工作不但顺利完成，而且无论是家具的保护、归位，还是定制化的要求，都做得比我们想象的要好。

以一位20岁年轻人的表现来说，他是让我们佩服的。后来我与这位老板聊了起来，并表达了对这位年轻人的敬佩之情，才知道原来我们看走了眼，小瞧了这位年轻人。

老板告诉我们，搬家公司的工作是很累的体力活，多数求职者都没有漂亮的学历，而不少来求职的年轻人，不是吃不了苦早早离职，就是认为念书不如练体力，因为在这里，体力才是挣钱最大的资产。

这位年轻人却显得不太一样，他进入这家搬家公司已有两年，平常总是喜欢跟在老板的身边学估价、报价，学与顾客沟通的技巧，学科学化的搬家方法，甚至还会找些商业管理方面的书籍来看，即使搬家工作看起来就是个体力活，这位年轻人仍然不放弃去投资他的脑力。

他总能作为老板的“分身”，帮客人估价、现场坐镇指挥，甚至还能自己开发客户。因此，年纪轻轻的他赚的钱已经远远超越了同侪及前辈们。

体术还是忍术？

日本漫画家岸本齐史的畅销作品《火影忍者》，虽然描述的是一个虚构的故事，但作品中对于角色战斗力的设定，却颇能反映真实情况。

故事中的主角在使用忍术时，必须根据忍术种类的不同，来制造出相应需要的查克拉，接着再结下复杂的忍术印，把查克拉转化为忍术，而这通常需要既精确又复杂的控制。反之，如果你选择使用的是体术，因为体力的控制较简单，所以不用耗费查克拉来结印，通常只要好好锻炼体力，就能顺利使用体术。

懂得精确使用忍术的人，只要制造出30%的查克拉，就可以完成30%的忍术，而技术比较差的人，本来只要使用30%查克拉的忍术，却可能要制造出40%以上的查克拉才能施展，而多出来的10%的查克拉就浪费掉了。忍术技术水平的高低，在这里便可见分晓，若想要变强，就需要经年累月的摸索及锻炼。

短期而言，体术的锻炼最能快速见效，然而长期来看，需要转换查克拉的忍术虽然费时又耗神，却能创造出无限的可能性。忍术及体术、脑力活及体力活，其实有着异曲同工之妙。

体力活？脑力活？

勤能补拙，适用于过去的农业经济时代及工业经济时代，然而，在现今以知识经济、网络经济为主的时代，投资在体力活上的报酬率已经大不如前，就算是从事体力活的工作，也不能忽略脑力活的重要性。

美国前总统林肯曾说：“若给我6个小时砍一棵树，我会把前4个小时拿来磨利斧头。”这个磨斧头的动作，其实就是经脑力思考后的结果，先找到完成方法的最佳途径，再投入体力执行，而不是将体力毫无效率地挥霍。

体力活像加法，脑力活像乘法，投资体力能快速看见绩效，但这个绩效的增长却是缓慢的，且随着年纪的增长，工作效率会越来越低。而投资脑力的绩效不一定能立竿见影，但只要能够达到一定的门槛基数，绩效就能像乘法般快速地增长。

在知识经济、网络经济的时代，别一味地用加法做事，还要用乘法思考。

40 标签·别被成见所困，创造独一无二的价值

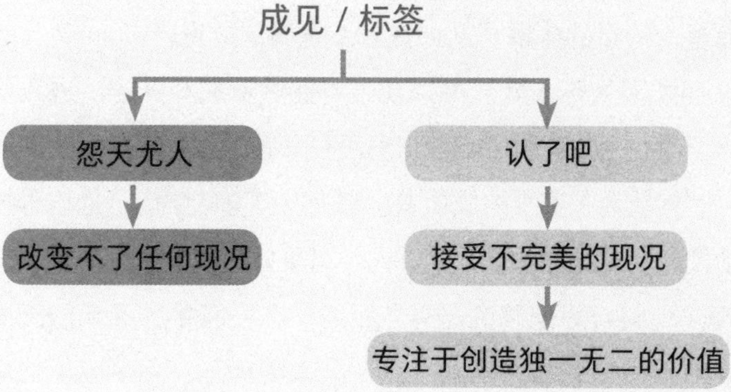

自我实现者从不浪费力气去抱怨，
而是接受既定现实，专注于创造独一无二的价值

有一位朋友曾大肆抱怨，自己的学历不高，仪表及打扮上也差一点，导致在找工作时常常被贴标签，在还没有机会证明自己的能力之前，就因为学历而吃了闭门羹，或是因为仪表及谈吐，在面试时被扣了不少分。他认为这个社会实在太不公平，不讲求实力，而是为特定的族群“贴标签”，充满了成见。

这位朋友因为不太爱念书，初中毕业后就放弃升学，进入社会找工作。他认为待在教室听着自己没有兴趣的课程，实在太浪费生命了，而且社会上不少的成功者也都没有漂亮的学历，他以为提早离开学校，会比那些乖乖升学的同学有更好的机会及未来。

然而，现实与想象终究是有差距的，在没有学历又无法交出任何成绩前，“只有初中毕业”这个大大的标签，无疑成了他求职时的一个阻碍。

像他这样的案例，可以说会发生在社会上的每一个角落，从学历、证件照、仪表到出生背景等，这些条件所产生的既有刻板印象及标签可以说是无所不在。那么，该给他什么建议呢？

其实只有三个字——认了吧！

同一位女孩，不同形象就有不同的待遇

联合国儿童基金会曾做过一场街头实验，让一个六岁的小女

孩分别打扮成不同的模样，一个是穿着漂亮的裙子和毛呢外套，一个则是穿着脏污的衣服，再让小女孩一个人站在街道上，通过侧拍，观察路人对于形象、外貌大不相同的小女孩会有什么样的态度。

其实就算不看影片，也能猜想出这个实验的结果是什么，想来随着打扮的不同，路人对于小女孩的态度将会有天壤之别吧！

对于打扮漂亮的小女孩，人们会愿意停下脚步，询问她需要什么协助，在餐厅里，人们也愿意与她同席而坐，甚至愿意为她寻找家人。而对于外表脏污的小女孩，人们对她是冷漠的，在餐厅里，不但不愿意与她同席而坐，甚至对她起了戒心，将手上的包包抓得紧紧的，还要求店家请她离开。

这就是一种对于外貌打扮的既定成见。然而，回过头来想，成见一定是错的吗？事实上，多数的成见可能都有其参考价值，因为打扮漂亮的小女孩，通常是单纯走失的孩子，而穿着脏污的孩子，通常是在社会底层打滚的孩子，可能会带来不少麻烦。这个实验很现实，也很真实。

学历也是一样，虽然不能完整呈现出一个人的能力，但绝对还是有其参考价值的。就如同仪表外貌，就算不能决定一个人的处事态度，但多少会影响给人的第一印象。

别浪费力气在抱怨他人的成见上

大环境总是会为特定的族群贴上标签，如“学音乐的小孩不会变坏”“不念书的小孩找不到好工作”“念艺术系的小孩吃不饱”，一定是如此吗？不，我们可以轻易找到一堆案例来推翻这些想法。然而，成见却也不一定是错的，反而通常具有一定程度的“数据”参考价值。

就像常有人说，黑人比较会打篮球、白人比较会踢足球、黄种人比较会打桌球，一定是如此吗？那可不一定，身为黄种人的林书豪，不也在ＮＢＡ发光发热吗？但不能否认的是，篮球巨星就是以黑人最多，足球明星就是以白人最红，桌球好手就是以黄种人居首。

因此绝大多数的时候，抱怨他人的成见，其实一点意义也没有，不但改变不了他人的看法，也得不到任何的好处。面对成见最好的应对态度，就是“认了吧”！

心理学家亚伯拉罕·哈罗德·马斯洛（Abraham Harold Maslow）曾研究过“自我实现者”具有的几项共同特质，其中一项正是这种“认了吧”的处事态度。所谓“认了吧”，可不是甘于平淡或失败，而是无论处于顺境或逆境，无论被贴上什么不公平的标签，都先去接受这个不完美的现况，再负起责任加以改善。

以比尔·盖茨、史蒂夫·乔布斯及马克·扎克伯格（Mark Zuckerberg）为例，他们都是学业上的辍学生，但这可不代表辍学生就一定能像他们一样成功，最大的差别，在于他们不被“辍学生”“失败者”的标签及成见所困，而且知道自己要什么，只专注于创造自己独一无二的价值，写下专属于自己的故事。

有人会抱怨自己被他人的成见所困，失去不少公平竞争的机会，事实上，自我实现者根本不会浪费力气在抱怨他人的成见上。因为要改变别人的想法太难了，他们选择接受成见及既存的事实，并且专注于写好自己的故事。

同样的道理，前述的那位朋友选择初中毕业就进入社会工作，而这注定会成为他求职路上的一个标签。即使不公平，但这就是现实，认了吧！别浪费力气在抱怨他人的成见上，也唯有如此，你才有机会打破他人满载成见的有色眼镜。